# 神仕組み令和の日本と世界

日月神示が予言する超覚醒時代

## はじめに――令和時代、〃神仕組み〃が動き出す

平成31年4月1日、「平成」に代わる新たな元号の発表があり、「令和《れいわ》」と定められました。

日本の元号は、大化《たいか》の改新《かいしん》の「大化」から始まり、「令和」で248個目になります。

1300年以上の歴史の中で、典拠を確認できる元号は、これまですべて漢籍に拠《よ》っていましたが、今回初めて、日本最古の和歌集である『万葉集』を典拠としています。

すなわち、『万葉集』の「梅《うめ》の花《はな》」の歌32首の序文にある、

「初春の**令**月《れいげつ》にして　気淑《よ》く風**和**《やわら》ぎ　梅は鏡前《きょうぜん》の粉《こ》を披《ひら》き　蘭《らん》は珮後《はいご》の香《こう》を薫《かおら》す」

から引用したということです。

中国にも元号がありましたが、それも清《しん》の時代までで、辛亥《しんがい》革命によって廃止となりました。今、元号制度が残っているのは日本だけです。

ところで現在、世界中で採用されている西暦は、キリスト紀元と呼ばれます。西暦紀元

を表す「AD」は「アンノドミニ（Anno Domini）」の略で、「主（イエス・キリスト）の年に」という意味です。紀元前を表す「BC」は「Before Christ（キリストの生誕より前）」ということになります。

イエス・キリストが生まれたとされる年の翌年を元年（紀元）とした紀年法ですから、本来、キリスト教の信者以外には関係ないはずなのですが、西欧諸国による植民地の拡大と共にキリスト教が世界中に広まったことで、今では世界で最も使われている紀年法として定着しています。

実際にイエス・キリストが生まれたのは「紀元前4年」という説が有力のようですが、西暦がキリスト教をベースとして成立していることは否めません。要するに、イエスが生まれた（とされる）年の翌年を起点とし、いわば直線的に年数が増えていくというものです。もし西暦が終わる時が来るとすれば、それはキリスト教徒にとっては、この世の終わりを意味するものかもしれません。

これに対して、我が国では「元号」を用いた紀年法があります。明治以前には、様々な理由でしょっちゅう元号を改めていましたが、明治以降は「一世一元」、つまり天皇が代替わりするまで同じ元号を使うことが法律で定められました。

元号が改められると、また元年からスタートしますので、リセットされるわけです。新天皇が即位されるごとに、元号を改めることによって元年に戻り、何十年かの後に天皇が代替わりすると、また元年に戻る。これは直線ではなく、循環の思想であり、終わりはありません。天皇と皇室が存在する限り、「君が代は千代に八千代に」続くわけです。

ともかく、晴れて「令和」元年となりました。日本人にとっては時代の節目であり、個人の気持ちだけでなく、社会全体が改まり、フレッシュスタートするような空気が生まれます。これは改元による大きな効果なのではないかと思います。

そして現実に、平成から令和に移ると、世の中は大きく変わっていくことが予測されます。それはまさに**「大激変」**という言葉にふさわしいものとなるでしょう。

なぜそう断言できるのか。私はもうかれこれ30年以上、こうした研究に携わってきましたが、様々な観点から言えることは、人類は有史以来、最大規模の変革期に突入しているということです。**それは社会的な改革や、世界秩序の崩壊というものにとどまらず、天変地異を含めた地球規模の大変動期に差しかかっているということです。**

そのことを、70年以上前から見通していた文書があります。それが「日月神示《ひつきしんじ》」というものです。いま改めて日月神示を読み直してみると、戦後から今日までの流れを正確につかんでいることに驚かされます。ということは、この先も神示に記されたようになっていく可能性が高いということです。

ここで「日月神示」の名を初めての聞く方のために、簡単にご説明しておきます。

その名称については「日月神示」「ひふみ神示」「ひつく神示」「一二三《ひふみ》」などと決まったものはありませんが、一般には「日月神示」で知られる、一種の「天啓」です。

終戦を迎える前年の昭和19年6月、天性の画家であり神道研究家だった岡本天明《てんめい》氏が、千葉県成田市台方にある麻賀多《まかた》神社に参拝した際、突然、勝手に右手が動き出し、「自動書記」という形で書記が始まりました。この啓示は最終的に昭和36年頃まで断続的に続き、全37巻、補巻1巻という形で今日に残されました。

原文は全編にわたって一から十、百、千、万といった漢数字、かな、⦿や◎などの記号のようなものが混じった特異な文体で構成されていますので、ちょっと目にしただけでは、そこに何が書いてあるのか、まったくと言っていいほど判読することはできません。書記した天明氏自身も、勝手に動く自分の手が何を書いているのか読めなかったそうですが、やがて氏のもとに集まった研究者たちの努力によって、今日では原文のほぼすべてが解読されています。

そこに書かれた内容は、日本と世界の行く末を示すような予言的なものや、大峠（世界的規模のカタストロフィ）を乗り越えた後に顕現する理想社会の様相、開運の仕方、病の治し方、揺るぎない幸福をつかむための人生の歩み方など、様々な有益なことが書かれてあります。

巨大地震がいつ起きるとか、何年には何が起きるとかいった具体的なことは一切書かれてありませんので、そうした「予言」が好きな方にとっては、あまり面白くないし、得るものは何もないと思われるかもしれません。

しかし実は、日月神示に書かれている内容は、まさに日本人のみならず、人類に贈られた福音とも言えるものです。**これを素直に受け入れて実践していくことにより、個人だけでなく社会、日本だけでなく世界全体が良い方向に変わっていく。大きな難が小さな難で済む。そんな力を秘めているのが日月神示なのです。**

**その日月神示によれば、やがては日本の「てんし様（天皇）」を中心とし、世界が一つ**

**にまとまる時代がやってきます。**戦前に言われた八紘一宇《はっこういちう》、四海同胞《しかいどうほう》の実現であり、本当の意味での恒久平和と繁栄の時代が、もうすぐやってくるというのです。

ただし、その時代を迎えるまでに、人類は、今まで積もり積もったメグリ（悪業）を清算しなければなりません。いわば通過儀礼としての“**禊《みそ》ぎ祓《はら》い**”です。それは、天変地異、戦争、経済の崩壊、病の蔓延《まんえん》といった様々な形で起きることになるでしょう。一気にそうした現象が出てしまうとほとんどの人は生き残れないから、**一刻も早く「まこと心」に立ち戻り、今から準備して、行動に移す**ようにと警告しているのです。

大きな流れとしてはすでに決まっているのですが、そこに至るまでのプロセスは、私たち人類の努力いかんによって無限に変化します。スムーズに、楽々と行ける道もあるし、苦難の道、いばらの道もあります。どのような道を通って輝かしい次の時代へと辿《たど》りつくかということは、私たちの選択に委ねられているのです。

改元前の平成31年4月

中矢伸一

## 神仕組み令和の日本と世界◆目次

◎「日本天皇が世界を統一する」は作為だったのか
◎石原莞爾も予言していた「世界天皇の出現」
◎世界を治める「てんし様」が現れるのはこれから
◎日本が目指すべきは天皇による祭政一致の世

# 第2章　歴史サイクルで読み解く未来

◎地球は過去6回の大天変地異に見舞われた?
◎村山節氏の大発見「文明800年周期説」
◎鶴岡八幡宮で降りた〝啓示〟
◎1600年よりさらに大きな周期がある?
◎村山氏が予見した「民族移動」が起き始めた
◎「ガイアの法則」では次期文明の中心軸は日本に来る
◎日本を中心に新たな文明が始まる
◎6000年のサイクルも重なってきている

◎丹波が世界の中心になる!?
◎伊勢神宮の予言
◎日本は「国威発揚」の時代に
◎『天孫人種六千年史の研究』
◎人類6000年サイクルの終焉と新文明の始まり

# 第3章　天変地異と自然災害

◎人類に降りかかる「二度とない試練」
◎地球は温暖化ではなく寒冷化している
◎世界規模の食糧危機が起こる
◎ゲルマン民族の大移動を引き起こしたもの
◎民族移動の主な要因は、気候変動
◎中国の体制崩壊と環境悪化で20億の民が動く?
◎迫りくる巨大地震

◎「五畿七道超巨大地震」は日本列島全体地震
◎富士山の噴火はあっても壊滅的なものとはならない
◎破局噴火が一つでも起きたら絶望的
◎「どこに逃げても逃げ所ない」「どこにいても救う者は救う」
◎破壊と創造が同時にやってくる

# 第4章 世界の「裏の権力者」と天皇家の真実

◎世界支配層は力を失っている?
◎世界最古のアジア系財閥と「オーナー」のこと
◎欧州王室連合と天皇家
◎孝明天皇は弑逆されたのか
◎真清浄寺と皇室の深いつながり
◎消された皇子・久邇宮和仁親王について
◎「闇の勢力」も日本の秘史を知っている

◎天皇家のルーツは古代シュメールへ
◎藤原氏の台頭と白村江の戦い
◎藤原四家と天皇家
◎なぜか不遇の扱いを受けている不比等
◎てんし様を戴く日本に誇りを持とう
◎世界支配層も変わらざるを得ない地球大変動期へ

# 第5章　私たちが目指すべき未来

◎6000年の歴史がリセットされようとしている
◎大難は小難に変えることができる
◎明治以降の日本は本来の日本ではない
◎戦前の大アジア主義の理想を受け継ぐ
◎「五族協和」を理念に建国された満州
◎幻のフグ計画

# 第1章　天皇とは何か

## ◎日本はどこまでも天皇を中心とした国

平成31年（2019）1月2日、皇居で新年恒例の一般参賀が行われました。今回は、今上天皇陛下の在位中最後となる一般参賀ということもあり、平成に入って最多となる、およそ15万5000人が訪れたそうです。

参賀の回数は、当初の予定より1回多い、6回に増やされたものの、最後のお出ましの際、混雑した場内にまだ入れない人たちが大勢いるのを目にされた天皇皇后両陛下のお気持ちで、急きょ7回目が追加されることとなりました。

長い列に並ぶだけでも大変な状況で、中には6時間も並んだ人がいたといいます。それほど、皇室に対する日本国民の敬愛の想いは、高まってきているのです。

日本国憲法において、「日本国の象徴であり日本国民統合の象徴」とされる天皇ですが、現在の学校教育では、きちんと天皇について教えていないため、なぜ日本には天皇が存在するのか、そこにどのような意義があるのか、何も知らないまま大人になってしまいます。むしろ学校では、天皇と皇室を軽視する傾向にあり、国歌「君が代」斉唱の際に起立することを拒否する教師も後を絶ちません。

戦後の日本では「象徴天皇制」を取っていますが、天皇というのは、ただの象徴ではありません。その存在には重大な意味があります。日本という「国」が存在するのは、まさに「天皇」が中心にあるからで、天皇がなければ日本という国もなく、早く言えば外国と同様になってしまいます。

また、日本は世界の雛型《ひながた》であるという「日本雛型論」においては、世界の中心は日本であることになります。その中心が天皇なのです。天皇という核を失えば、日本という国はなくなってしまうのであり、日本がなくなってしまえば、世界はなくなってしまいます。

その意味からすれば、天皇はただ日本国民のみの天皇ではないと言えます。世界のあらゆる人々にとって中心となる〝核〟のような存在が天皇なのです。

他の外国には類のない、天皇陛下を戴《いただ》いているのが日本であり、

平成最後の一般参賀

私たち日本国民です。なぜそうだと断言できるのか、本章ではまずその点から、日月神《ひつきしん》示《じ》を引用しながら説明していきましょう。

## ◎日月神示に頻出する「てんし様」の記述

それほど重大な「天皇」であれば、神示の中に天皇の記述が出てこないはずがありません。そう思って日月神示をひもとくと、意外や、「天皇（テンノウ）」という言葉は、全巻を通じてわずか2ヶ所しか出てきません。『日の出の巻』第1帖と『碧玉之巻《あおたまのまき》』第10帖に「神武《じんむ》天皇」の名が記されているところのみです。

ところが、「テンノウ」ではなく、戦前まではよく使われていた「てんし（天子）様」という言葉であれば、数えきれないくらい頻出します。それらの箇所の一部を列挙してみましょう。

**「神の国の臣民は神の申すようにして、天地を掃除して、てんし様に奉《たてまつ》らなならん御役《おんやく》ぞ」**（『下つ巻』第23帖）

「一にも神、二にも神、三にも神ぞ。一にもてんし様、二にもてんし様、三にもてんし様ぞ」（『下つ巻』第36帖）

「この方《ほう》は世界中丸めて大神様に御目《おめ》にかける御役、神の臣民は世界一つに丸めて、てんし様に献《ささ》げる御役ぞ」（『下つ巻』第38帖）

「てんし様御心配なさらぬようにするのが臣民のつとめぞ」（『富士の巻』第10帖）

「何もかもてんし様のものではないか、それなのにこれは自分の家ぞ、これは自分の土地ぞと申して勝手にしているのが神の気に入らんぞ。一度は天地に引き上げと知らしてありたこと忘れてはならんぞ、一本の草でも神のものぞ」（『富士の巻』第13帖）

「てんし様を拝めよ、てんし様にまつわれよ、その心が大和魂ぞ、益人《ますひと》の益心《ますこころ》ぞ、ますとは弥栄《いやさか》のことぞ、神の御心《おんこころ》ぞ」（『富士の巻』第21帖）

「いつも心にてんし様拝みておれば、何もかも楽にゆけるようになりているのざぞ」（『地つ巻』第4帖）

「てんし様拝めよ、てんし様まつりくれよ」（『日月の巻』第1帖）

「三四五《みよいづ》とは、てんし様の稜威《みいづ》、出《い》づことぞ」（『日月の巻』第4帖）

「てんし様拝めよ。てんし様拝めば御光出るぞ。何もかもそこから生まれるのざぞ」『日

月の巻』第12帖)

「何もかも神に捧げよ、てんし様に捧げよと申してあろがな、それが神国《かみくに》の民の心得《こころえ》ぞ、否《いや》でも応《おう》でもそうなって来るのざぞ」(『磐戸の巻』第13帖)

「物、自分のものと思うは天の賊ぞ、皆てんし様のものざと、くどう申してあるのにまだわからんか」(『キの巻』第7帖)

「てんし様拝みてくれよ。てんし様は神と申して知らしてあろがな、まだわからんか」(『水の巻』第1帖)

「神の国と申すものは光の世、よろこびの世であるぞ。虫けらまで、てんし様の御光《みひかり》に集まるよろこびの世であるぞ」(『松の巻』第11帖)

「てんし様よくなれば、皆よくなるのざぞ。てんし様よくならんうちは、誰によらん、よくなりはせんぞ、このくらいのこと何故《なぜ》にわからんのぢゃ、よくなったと見えたら、それは悪の守護となったのぢゃ」(『風の巻』第9帖)

これだけ多く「てんし様」という記述が出てくることに、日月神示研究者たちの間でも昔から議論が絶えませんでした。よほど重要な存在が「てんし様」のようですが、では具体的に言って、何を指しているのか。

筋金入りの日月神示信奉者であっても、天皇と皇室に対してネガティブな印象を持つ人も少なくありません。そうした人の中には、「てんし」(原文では「てん四」)とは「天使」の意味であり、あくまで霊的存在であると説いたり、「天詞」という文字を当てて、宇宙に遍満する「言霊」のエネルギーだと強引な解釈を試みる人もいました。

しかし、あえて「てんし」という言葉を使っているからには「天子」と解釈して矛盾はなく、右に挙げた神示を素直に見るだけでも、これは天皇のことを指しているらしいという結論に至らざるを得ないのです。

## ◎「てんし様」と「天皇」との違い

しかし、日月神示をよく読むと、「てんし様」＝「天皇」と解釈していいのかというと、そうとも言えない部分があります。

というのは、てんし様というのは現在の天皇よりももっと次元の高い存在、ハッキリ言えば、肉体次元を超越した、霊的な存在でもあるということになるからです。

たとえば、『下つ巻』第35帖には、こういう言葉があります。

**「てんし様は生き通しになるぞ、御玉体《おからだ》のままに神界に入られ、またこの世に出られるようになるぞ、死のないてんし様になるのぞ、それには今のような臣民のやり方ではならんぞ、今のやり方はてんし様に罪ばかりお着せしているのざから、このくらい不忠なことないぞ、それでもてんし様はお赦《ゆる》しになり、位までつけて下さるのぞ、このことよく改心して、一時《ひととき》も早く忠義の臣民となってくれよ」**

生きながらにして、神界に入ったり、まだこの世に現れたりするような、死を超越した存在になるというのですから、これは今の天皇を指しているとは言えないのではないかとする意見があってもおかしくありません。

右の神示は一種の予言のようなものですから、現段階では何とも言えません。今後そういう超人のような御方が現れるのかもしれませんが、いずれにせよ、日月神示では「てんし様」という時、それは来るべき理想社会「ミロクの世」を治める真のスメラミコトを指しています。

真のスメラミコトとは、霊と体が一致したところの天皇と言えばいいでしょうか。

『夜明けの巻』第9帖には、

**「てんし様まつれと申してあろうが。天津《あまつ》日《ひ》嗣皇尊《つぎすめらみこと》大神《おおかみ》様とまつり奉《たてまつ》れ。奥山には御《み》社《やしろ》造りて、斎《いつ》き奉《まつ》れ。皆の家《うち》にも祀《まつ》れ。天津日嗣皇尊弥栄《やさか》ましませ、弥栄《いやさか》ましませと拝《おろが》めよ」**

とあり、また『夜明けの巻』第10帖には、祀る際の心得として、

**「元津《もとつ》大神、心の中で唱え奉り、スメラミコト唱え、次に声高く天津日嗣皇尊大神唱え、天の日月の大神唱えまつれ」**

と示されていますが、現在の天皇はあくまで肉体次元の天皇としての天皇であり、霊的な存在の天皇としての「天津日嗣皇尊（大神）」がある、と解釈できます。両者がいわば一体化した状態が、本来の「てんし様」のあるべき姿なのです。

そして、そうなった時の「てんし様」とは、日本だけの天皇ではなく、世界全体を治める天皇、「世界天皇」だということです。「世界天皇」が全世界を一つに丸めて治める世こそ、「ミロクの世」なのです。

今の社会において天皇について議論する時、日本の保守派や右翼と言われている人たち

も含め、誰も彼も「天皇」という存在を、唯物的にしか見ていません。

つまり、天皇というのは、血統として二千数百年も続く世界最古の家柄だから尊いということだけではなく、あくまで霊的観点から、その重要性を理解しなくてはなりません。そうでなければ、大嘗祭《だいじょうさい》も即位の礼も、あるいは例年の新嘗祭《にいなめさい》や四方拝《しほうはい》などの宮中祭祀《さいし》も、すべて形だけ、儀礼的な意味だけということになります。

霊的に重大な意味があるからこその天皇であり、その天皇を戴く日本国民があるのです。こういうことに理解が及ばず、あくまで「人間」としての天皇を担ぎ上げるだけでは、結局のところ右翼も左翼も同じです。「唯物論的歴史観」から出ていないのです。

明治以降の神社神道は、霊的解釈を欠落させてしまったところに根本的な問題があり、それが日月神示を出現させる要因となりました。そこを見直すことにならない限り、天皇が「てんし様」に昇華することはあり得ません。

そもそも日月神示の冒頭、『上つ巻』第1帖から、

**「神が世界の王になる、てんし様が神とわからん臣民ばかり」**

と出てくるわけですが、これが降りたのは、昭和19年（１９４４）6月10日、岡本天明《おかもとてんめい》氏が麻賀多神社に初めて参拝した時です。日本は天皇陛下を大元帥に立てて戦争の真っ最

中でしたが、その時でさえ、「てんし様が神とわからん臣民ばかり」と神様は嘆いておられるのです。

さらに、昭和19年9月23日に降ろされた『地《くに》つ巻』第16帖には、こんな言葉もみられます。

**「神が臣民の心の中に宝いけておいたのに、悪に負けて汚してしもうて、それで不足申していることに気づかんか。一にも金、二にも金と申して、人が難儀しようが我《われ》さえよけらよいと申しているでないか。それはまだよいのぞ、神の面かぶりて口先ばかりで神様神様、てんし様てんし様と申したり、頭下げたりしているが、こんな臣民一人もいらんぞ、いざという時は尻に帆かけて逃げ出す者ばかりぞ、犬猫は正直でよいぞ、こんな臣民は今度は気の毒ながらお出直しぞ」**

私たちはこのような神様からの深刻な訴えに、真剣に耳を傾けるべきです。そして、日本国民が一丸となって天皇の霊的意義を知り、正しく奉戴《ほうたい》した時、初めて天皇は霊体一致の「てんし様」に昇華し、世界天皇として立たれるようになるのです。

## ◎神武天皇が即位したのは何年のことか

西暦2019年の今年は、皇紀で言うと2679年になります。

この皇紀というのは、ご存じのように、神武天皇が即位したとされる紀元前660年を建国の元年と定めたことにもとづく起算法ですが、今日では使う人は少なくなりました。

そもそも神武天皇が実在したのかということさえ疑わしいと今日の学説では考えられています。神武天皇と第十代・崇神《すじん》天皇を同一視する説も有力です。

紀元前660年は、考古学上の時代区分で言うと、縄文時代晩期か、弥生時代前期にあたるそうですが、この年に実際に神武天皇、あるいはそれに相当する天皇が即位したことを裏付ける有力な証拠はありません。

『日本書紀』によれば、神武天皇が即位したのは「辛酉《かのととり》の年」だと記されています。それが、江戸前期の暦学者であり神道家であった渋川春海が編纂した『日本長暦』において、辛酉の年にあたる紀元前660年の1月1日に比定されました。これを現在の太陽暦（グレゴリオ暦）に直すと2月11日になるので、明治時代に入るとこの日が「建国の日」と定められたのです。

『日本書紀』には「辛酉の年」という記述はありますが、なぜそれが紀元前660年ということになったのでしょうか。

すでにその根拠については、明治時代の有名な歴史学者、那珂《なか》通世《みちよ》博士によって指摘されています。それによると、神武即位をこの年に定めたのは、中国の前漢《ぜんかん》から後漢に流行した「讖緯《しんい》説」によるものだというのです。

中国では古来、「辛酉《しんゆう》の年には革命が起こる」という易学思想があります。

干支《えと》は60年で一巡しますが、この周期は「一元」もしくは「一運」という単位で呼ばれます。そのさらに21倍の、1260年という周期は「一蔀《ほう》」と呼ばれるのですが、この「一蔀」ごと、つまり1260年に一度巡ってくる「辛酉」の年には、国家を揺るがす大きな社会変革が起きるとされています。

この思想にもとづき、推古天皇9年、西暦601年の辛酉の年

那珂通世

から1260年さかのぼった紀元前660年の元旦（太陽暦では2月11日）を、即位の日と定めたというわけです。

もちろんそこに科学的根拠はないわけですが、もし『日本書紀』の「辛酉の年に即位した」という記述が事実だったとすれば、実際はいつの年だったのでしょうか。

これについて、複数の歴史研究家が共通して説いているところでは、西暦241年の「辛酉の年」という線が有力のようです。

それなら、天皇家の歴史は古いとはいえ、900年もサバを読んでいるじゃないかと言われそうですが、神武天皇が即位する以前にも、日本にはずっと天皇がいたとする文献もあるのです。

## ◎天皇家の歴史は二千数百年どころではない⁉

神代の時代からの日本の成り立ちの歴史を著した文献は、『古事記』と『日本書紀』が知られており、正史とも呼ばれます。二つ合わせて「記紀」ともいいます。

「記紀」ではいずれも、神武天皇を初代天皇として記していますが、神武よりずっと前から日本にはスメラミコトがいたのだとする古文献は、他にもあります。

いわゆる「古史古伝」と呼ばれるもので、『上記《うえつふみ》』『竹内文書《たけうちもんじょ》』『富士文献《ふじぶんけん》（宮下文書）』『九鬼文書《くきもんじょ》』『秀真伝《ほつまつたえ》』などが有名なところですが、ここでそれらの特長について詳述することは紙幅の関係で省きます。

これらの文献資料は、いずれもアカデミズムからは偽書とか偽史とされており、正規の研究対象とはみなされません。古史古伝の中に「記紀」と同等かそれ以上の価値を見出し、まともに研究する人などほとんどいないでしょう。偽書としての烙印《らくいん》がすでに押されている文献を、今さら正規の研究対象として取り上げ、価値を見直そうと試みて失敗すれば、学会から白眼視されるだけでなく、社会的生命まで絶たれてしまう恐れがあるからです。

一方、戦後、自由闊達に行われるようになった歴史研究の中で、古史古伝に偽書の烙印が押されるに至ったのは、それなりの理由があることも、また事実なのです。

旧来の学説に囚われることなく、かと言って無視することなく、真実の部分のみを抽出するという研究態度こそ重要なのですが、なかなか今の学者さんの中にそういう方はおりません。

また、一つの古史古伝を取り上げて絶対視し、神典扱いすることで、「記紀」や他の古史古伝類をも退ける態度を取る人も、とくに民間の研究者に多いのですが、こうした姿勢もまた、歴史の真実を歪め、覆い隠すことにつながってしまいます。

古史古伝には、サンカなどの先住民や、物部《もののべ》氏や出雲《いずも》系の氏族など、時の支配者に屈する形になった人たちや、抑圧された先住民の主張が盛り込まれていることが多く、その伝承自体はけっして軽視すべきではないと思います。

――ということを前提にして古史古伝をひもといてみますと、天皇の歴史が「神武天皇の即位」から始まったとしているものはなく、いずれもそれよりはるか以前の太古より、天皇、あるいはスメラミコトは存在していたことを伝えています。

たとえば、神武朝が始まる前には、「ウガヤフキアエズ朝」という王朝が長い間存在したとしていることです。

記紀神話によれば、天孫降臨したニニギノミコトとコノハナサクヤヒメとの間に三人の御子《みこ》が生まれます。『古事記』では、最初にホデリノミコト、次にホスセリノミコト、最後にホオリノミコト（ヒコホホデミノミコト）が生まれたとしていますし、『日本書紀』本文によれば、最初にホノスソリ（ホスセリ）ノミコト、次にヒコホホデミノミコト、最後にホアカリノミコトが生まれたとあります。

いずれにせよ、そのうちの一柱であるヒコホホデミノミコトがトヨタマヒメを娶《めと》って生まれた子が、ウガヤフキアエズノミコトです。ウガヤフキアエズはトヨタマヒメの妹、タマヨリヒメを娶り、二神の間にはイワレヒコ、後の神武天皇が生まれたとしています。

古史古伝では、このウガヤフキアエズについて、まったく異なる伝承を伝えています。それは、ウガヤフキアエズは一代ではなく、数十代も続いたというのです。

『上記』『竹内文書』『九鬼文書』では、七十三代続いたとしていますし（七十三代目は神武）、『富士文献』のみ、五十一代続いたと記しています。

仮に一代平均20年としても、単純計算で神武以前に１４４０年間の「ウガヤフキアエズ朝」があったことになるわけですが、ただ、『竹内文書』や『九鬼文書』の伝えるウガヤ朝に関しては、『上記』の伝承を編纂者がそっくり取り入れた可能性も指摘されています。だとしてもそこで問題となるのは、では『上記』に「ウガヤ朝」が七十三代続いたという記述があるのはなぜか、ということになります。その理由も根拠も、わかっておりません。

発想を変えてみれば、「ウガヤフキアエズ朝」は事実存在したので、右に挙げた各古史古伝でも同様のことを共通して伝えているのかもしれないわけです。

私はここで「ウガヤフキアエズ朝」存在説を支持しているわけではありません。ただ、神武天皇が即位するずっと以前から、天皇、あるいはスメラミコトにあたる御方が存在していたということは、事実ではないかと思っています。

そもそも記紀神話でも、神武天皇（イワレヒコ）が大和に入った時、すでにそこにはニギハヤヒノミコトという天孫が先にいて、この地を治めていたことを認めています。ニギハヤヒノミコトは物部氏の祖神であり、その伝承については「記紀」ではなく、物部氏の史書である『旧事本紀《くじほんぎ》（旧事紀《くじき》）』などをあたらない限り、わからないのです。

## ◎モーゼの墓を訪れていたマッカーサー

数ある古史古伝の中でも、最も信憑性《しんぴょうせい》が薄いとされ、「偽書中の偽書」とさえ言われるのが『竹内文書（竹内文献）』です。

『竹内文書』では、日本が人類発祥の地であり、モーゼやイエス、ブッダにマホメットら、世界の代表的宗教を創始する指導者たちは、日本に渡来して研鑽《けんさん》を積んでからそれぞれの地に帰って教えを説いたのだ、としています。

超古代の昔、世界は「万国天皇」によって一つに治められており、「天の浮船」に乗って世界各地を巡幸したとか、ＳＦまがいのことが書かれています。

現在でも『竹内文書』は「トンデモ」歴史本の代表格とみられており、アカデミズムではまったく相手にされません。

ただ、そこに記された伝承のすべてが作り話であり、創作の類《たぐい》だと軽々に結論づけてしまうと、日本の超古代史に隠された真実を覆い隠してしまうことになります。

ここで一つ、私のエピソードを紹介します。

これは、都内のある有名大学の経済学部長だったＡ教授（お名前は明かせません）が、私に直接話してくださったもので、裏付けがある話ではありません。それは次のような内容です。

終戦直後、連合国軍最高司令官総司令部（ＧＨＱ）総司令官ダグラス・マッカーサーは、厚木基地に降り立つと、すぐに旧海軍将校の親睦団体だった水交社にフリーメーソン東京ロッジを設立しました。マッカーサーがメーソンの最高位である「第33階級」であったことは、よく知られた事実です。

Ａ教授も日本のフリーメーソン・メンバーの一人でした。そのＡ教授によれば、マッカーサーは水交社にメーソン・ロッジを設立するのと相前後して、石川県の宝達山《ほうだつざん》を訪れているというのです。

そんなところに何があるのでしょうか。時期的にも、これから占領政策を推《お》し進めていく上で、とても観光などをしている暇はなかったはずです。

じつは、宝達山にはモーゼが晩年に日本にやってきて死去し、この地に葬られたという伝承があり、「墓」まで存在します。終戦直後、ここに占領軍がやってきて徹底的に調査したといい、マッカーサー自身も確かに訪れているらしいのです（今日に至るもその調査結果は明らかにされていません）。

ヘブライ人の祖であり、ユダヤ教の始祖でもあるモーゼの墓が日本にある――というのは、『竹内文書』史観に通じる異伝です。もちろん、日本の学者たちの中に、こんなトンデモ伝承を相手にする者など誰もいません。

しかしもし、マッカーサーが終戦直後に「モーゼの墓」にわざわざ出向いたとすれば、少なくとも、『竹内文書』に記された超古代史観を、ある程度信憑性があるものと受けとめたか、大きな関心を寄せていたことになります。

米国の研究機関では、とうの昔から『竹内文書』などの古史古伝を英訳していると聞いています。A教授の話からすると、マッカーサーは、日本にやってくる前に、フリーメーソンから聞いたのか、その研究機関から聞いたのかわかりませんが、日本の秘史について、ある程度のブリーフィングを受けていたのではないかと推測されるのです。

また、マッカーサーは昭和天皇とアメリカ大使館で会見した際、最初は横柄な態度で接見に応じたようですが、会見が終わると、表玄関にまで出て昭和天皇を丁寧に見送ったと言われます。これは昭和天皇が、「自分の命はどうなってもよいから、国民を助けてほしい」と述べたことにマッカーサーが深い感銘を受けたためである、と一般には言われています。

もちろんそうしたこともあったと思いますが、マッカーサーの態度がこの会見だけで180度変わったのは、はたしてそれだけの理由からでしょうか。

一説には、この時昭和天皇は、三種の神器の一つである八咫鏡《やたのかがみ》をマッカーサーに見せたとも言われます。八咫鏡の裏には、「われは在りて在るものなり」という意味の古代ヘブライ語が刻まれているという噂があります。その文字を実際に見たという人がいることを、私も知っています。

この言葉は、モーゼがシナイ山において神に会った際に、その御名を問うたところ、神から答え給うたと伝えられる言葉です（『出エジプト記』第3章）。

荒唐無稽《こうとうむけい》に聞こえる話ではありますが、何かそうした〝物証〟を見せられたことで、マッカーサーは、昭和天皇の真摯《しんし》なお人柄に対してだけでなく、日本の天皇家がユダヤ王家の血筋でもあることを認めて、感服したのではないでしょうか。

## ◎『竹内文書』にみる「世界再統一」の神勅

『竹内文書』の〝超〟皇国史観は、戦前において一部の有力者の間で熱狂的な支持を集めたことがあります。

その中には、当時の政治家や学者、軍関係者、皇族などもおりました。「日本ピラミッド起源説」を唱える酒井勝軍《かつとき》や、出口王仁三郎の〝陰の参謀〟と言われた元海軍軍人の矢野祐太郎は、自説を構築する上でとくにその影響を受けた人物です。

その『竹内文書』には、超古代において世界を統治していた万国天皇が、やがて時至れば、再び地上に現れ、世界を統一するであろうという予言があります。

なお、『竹内文書』というのは、超古代から竹内家に代々伝わる古伝承のことですが、文書というから本の形になっているのかというと、そういうわけではなく、様々な種類の神代文字や天皇の系譜、古代の世界地図、神宝など、膨大な関連資料の総称なのです。その意味では、「竹内家に伝わる資料群」と言った方がいいかもしれません。

その資料をある程度整理して世に出そうということで、一冊の本にまとめられたのが、『神代の万国史』という大著です。

その編纂作業に関わったのが、『〔超図解〕竹内文書』シリーズの著者として知られる高坂和導氏です。高坂氏は、竹内家の資料を整理しているうち、この予言があることを知り、同著の中にこの項目を含めたのだそうです。

私はこれを、1980年代の後半に、北茨城にあります皇祖皇太神宮《こうそこうたいじんぐう》に参拝した時に入手したのですが、その中に、「世界再統一の神勅《しんちょく》」という欄があり、こんな予言があることにずっと興味を抱いていたため、1993年に刊行した自著の中で、この予言を紹介しました。すると、その本を読んでくださった高坂氏から、「あの予言を入れたのは僕なんだよ！」と連絡を頂き、以来、氏と親しく交流させて頂きました。

話が横道に逸れましたが、その「世界再統一の神勅」の内容とは、だいたい次のようなものです。

＊＊＊＊＊＊＊＊＊＊＊＊＊＊＊＊＊＊＊＊＊＊＊＊＊

超太古の神代の昔、日本の天皇は万国の棟梁《とうりょう》として世界を統治していた。

この頃は、天皇が各国を巡幸し、人類の文化発展に御心を注いでおられた時期であり、即位の大礼祭などに際しては、白人・黒人・赤人・青人・黄人の〝五色人〟の各王が参朝していた。

やがて世の中の秩序は乱れ、〝やりたい放題〟の「自在の時代」へと移り変わり、年月が経つにつれて世界各国は日本天皇が御統率されていた羈絆《きはん》を離れ、各国思うがままのことを行うようになり、諸国の王たちの参朝も次第に行われないようになっていった。

加えて日本列島において大地震が起こり、文化覆滅《ふくめつ》するに至ったため、ついに日本天皇はやむなく世界統治を一時放棄することを余儀なくされた。

しかしこの「自在の時代」が終わり、再び宇宙法則に遵守した「限定の時代」となれば、日本が世界再統一するであろうことは論を俟《ま》たないところであり、必ずその時が来ることが、神勅により申し伝えられてあった――。

＊＊＊＊＊＊＊＊＊＊＊＊＊＊＊＊＊＊＊＊＊＊＊＊

ここに示された「世界再統一」に関する神勅が最初に下ったのは、不合朝《ふきあえず》第五十九代・天地明玉主照《あめつちあかりたまぬしてる》天皇と糸玉《いとたま》皇后の時でした。

この五十九代天皇即位92年と93年に、天皇と皇后が神憑《かみが》かり状態となり、

「今より先代年、分国《アヂチクニ》ノ天皇氏デキルゾ。統一する時来るぞ。六千三百六十五年より、万国五色人の天皇氏大変起こり、五色人天皇氏統一代ぞ。愈《いよいよ》以《もっ》て、万国五色人再統一する代ぞ」

という神託がありました。つまり、これから先の代、6365年後に、天皇に大きな変化が起こるが、その時こそ、天皇が世界の五色人類を再び統一する時だと言うのです。

また、この時に生まれてくる皇祖皇太神宮

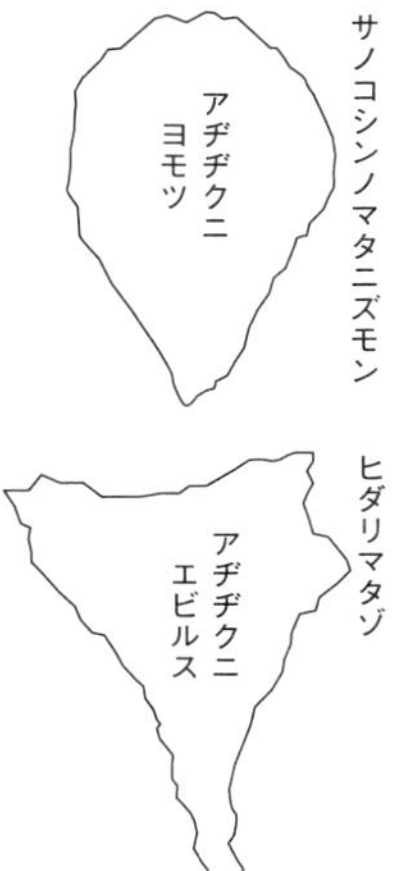

地形図紋

の神主が「神人大統領」であり、ある地形図紋のようなアザ（?）を左股に持っているとし、その神主が生まれる代こそ、天皇が世界を再統一する時だと記されています。そして、その時に現れる天皇と神主には絶対に背いてはならない、背けば天罰が下って命を落とすことになるとまで警告しているのです。

さらに、同天皇即位267年、糸玉皇后が神憑かりとなり、先の代6100年後に〝万国地図紋〟を左股に持つ神主が生まれるが、その国こそ万国統一の棟梁国である、とする同じような神託があったことが記されています。

それ以後も、同天皇即位357年に3回、及び不合朝第七十代神《かむ》心《こころ》伝《つとう》物部《もののべ》建《たて》天皇の即位202年の時にも、似たような神示が降りています。

## ◎「日本天皇が世界を統一する」は作為だったのか

『竹内文書』には、不合朝第七十三代狭野《さの》尊《のみこと》天《あめ》日《ひ》嗣《つぎ》天皇は、後に神日本《かむやまと》磐余《いわれ》彦《ひこ》尊《のみこと》と名を改め、この天皇が神倭《かむやまと》朝第一代・神武天皇になったことが記されていますが、この神武天皇の時にも、皇后に同様の神勅が降りたことが記録されています。

それによれば、天皇が再び世界を統一する代、万国が泥の海と化すごとき大事変が起こり、「国危うく、天皇も危うい」事態となるものの、「天皇氏は必ず世界を統一する」ことになるというのです。

仮にこの予言が本当だとして、その神主神人大統領が現れて再び天皇が世界を統一する時とは、はたしていつのことを示しているのでしょうか。

年代的な問題として、〝即位357年〟などという記述はにわかには信じ難く、まともに考えた場合、この記述だけで正確な出現の年を割り出すことは困難と思われます。

しかし、私はあえてこの記述に従って推定してみました。たとえば、天地明玉主照天皇の即位267年というのが、「神武天皇即位前3508年」にあたるという記述がありますから、ここで神武天皇が即位したとされる紀元前660年を当てはめて算出しますと、それから先の代6100年後とは、西暦1932年（昭和7年）となります。

もちろんこの時点では、万国天皇の登場はなかったわけです。

そうすると考えられるのは、竹内家に代々伝わる『竹内文書』を編纂した竹内巨麿《きよまろ》が、当時の不穏な国内・国際情勢に合わせ、日本の天皇がいよいよ世界の盟主として立つことになったとする説を確立するために、この予言を創り上げたか、多少書き直したのではないかということです。

昭和初期（4、5年頃）というのは、『竹内文書』の支持者らにより構成された「天津教」が全盛を迎えていた時期で、茨城、福島、東京、千葉などを中心に一万数千人を超える信奉者を有していました。当時の世情からして、今こそわが日本の天皇が世界を治める天の時は至れりと、高揚した気分が広まっていたことは間違いありません。

現に、こうした古史古伝の影響を受けた論客の一人である増田正雄という人は、昭和18年12月号の『猶太《ユダヤ》研究』誌上で、

「我天皇が地球大変動以前迄《まで》は事実に於《おい》て世界を統治賜《たま》ひたる確証があるのである」

とか、

「今次大戦は正《まさ》に其《そ》の岩戸開きであって、世界が天皇に帰一する処に神光正に活躍する世界が現出するのである。即ち此《こ》れが世界人の真のメシアであって此れを復古の大戦と云ふのである」

などと書いています。

第二次世界大戦を、天皇を中心とした神政政治へ元還《もとがえ》りする、「神政復古」の大立て替えだと考えた者は、けっして少ない数ではなかったのです。

そして天津教は、右の計算によれば万国天皇が現れるとされたまさに昭和7年に、当局から弾圧を受け、解散させられてしまいます。

しかし、たとえ戦前に国家による弾圧を受け、戦後のアカデミズムも無視同然の扱いをしてきたとしても、『竹内文書』を百パーセント偽書であると決めつける理由にはならないのではないでしょうか。

## ◎石原莞爾も予言していた「世界天皇の出現」

「日本から世界天皇が出現する」と予言していたのは、『竹内文書』だけではありません。じつは、あの石原莞爾《いしはらかんじ》も、独自の宗教的理論により同様な見解を持っていました。

石原莞爾将軍については、説明するまでもないでしょう。陸軍軍人で、関東軍の作戦主任参謀として、板垣征四郎とともに満州事変を計画、実行した人物です。また、熱烈な日《にち》蓮《れん》信者であったことでも有名です。「世界最終戦論」を提唱するなど、その発想は異色にして独特なものがありましたが、霊的感受力も強い人だったようです。

石原は、日蓮聖人《しょうにん》の予言にもとづき、やがて天皇が世界天皇としてお立ちになる、そのことによって永久平和が訪れる、と固く信じていました。

入江辰雄氏の書かれた『日蓮聖人の大霊と石原莞爾の生涯』（近代文藝社）にその記述があります。

それによると、昭和15年（1940）11月7日、京都師団長官舎において石原は、『日蓮聖人研究』という本を開き、その248頁に載っている日蓮聖人の書いた「衛護《えいご》大日本国本尊」（通称：護国曼荼羅《ごこくまんだら》）の写真を入江氏に見せると、

「この御本尊の中央の南無妙法蓮華経のすぐ下に、天照大神、八幡大菩薩の名が記され、その真ん中に聖天子金輪《しょうてんしこんりん》大王と書いてあります」

と言い、御本尊の次のように書いてあるところを指差しました。

南 無 妙 法 蓮 華 経

天 照 大 神

聖天子金輪大王

八 幡 大 菩 薩

「おわかりでしょうが、これは聖天子すなわち天皇が金輪大王、つまり世界の天皇にならせられるということをお示しになったのであります。金輪大王とは地球世界を統一せられる大王のことで、それは本化上行菩薩《ほんげじょうぎょう》としてご出現の賢王であると拝します」

石原はそう言うと、続けてこのご本尊の左下の方を指し、

「ここにこのように『諸天昼夜常為法故而衛護大日本国』（諸天は昼夜に常に法の為めの故に而も大日本国を衛護す）とあります。これは妙法蓮華経のために、日本国は大切な国だから神々（諸天）はこれを護るというのであります。

この御本尊は日蓮聖人がお書きになったのではなく、偽筆ではないかという説があるそうですが、私はこれほどのものを日蓮聖人のほかに書くことは出来ないと思っておりまず」

と述べたそうです。

この護国曼荼羅は、大正元年（1912）に京都府相楽郡加茂町（現・京都府木津川市）にある燈明寺《とうみょうじ》の三重塔の中から発見されたもので、日蓮聖人の入滅から630年間もずっとこの塔に秘められていて、それがこの時になって世に出現したということに、重

大な意味を感じていたようです。

そして石原は、「第五の五百年二重の信仰」という独自の解釈により、当時の計算でこの後70年以内に、「永久平和世界実現という大使命をもって、聖天子金輪大王すなわち仏の全権大使賢王が、日本国皇室から出現する」と予言したのです。

すでに70年以上が経ちましたが、「世界天皇」の出現は今もってありません。しかし、その細かい数字的な部分はさておくとしても、『竹内文書』にしろ、世界天皇がやがて出現し、世界を治める時が来ると信じていた人は、少なからずいたわけです。

そうした時代の流れの中で、日月神示にもハッキリと、やがて世界を治める「てんし様」が現れるという予言が示されていたことになります。

## ◎世界を治める「てんし様」が現れるのはこれから

日月神示の中に、「世界天皇の出現」に関わる箇所はたくさん出てきます。その一部を、次に挙げてみましょう。

「すべてをてんし様に捧げよと申すこと、日本の臣民ばかりでないぞ、世界中の臣民みなてんし様に捧げなならんのざぞ」（『富士の巻』第25帖）

「世界は一つのミコトとなるのぞ、それぞれの言《こと》の葉はあれど、ミコトは一つとなるのであるぞ、てんし様のミコトに従うのざぞ、ミコトの世近づいて来たぞ」（『地つ巻』第1帖）

「日本のてんし様が世界まるめて治《しろ》しめす世と致して、天地神々様に御目にかけるぞ。てんし様の光が世界の隅々まで行き渡る仕組が三四五《みよいづ》の仕組ぞ、岩戸開きぞ」（『下つ巻』第20帖）

「世界丸めて一つの国にするぞと申してあるが、国はそれぞれの色の違う臣民によりて一つ一つの国作らすぞ。その心々によりて、それぞれの教え作らすのぞ。旧《ふる》きものまかりて（滅びて）、また新しくなるのぞ、その心々の国と申すは、心々の国であるぞ、一つの王で治めるのざぞ、天津日嗣《あまつひつぎ》の皇子《みこ》様が、世界中照らすのぞ」（『地つ巻』第11帖）

「富士は晴れたり日本晴れ、てんし様が富士から世界中に稜威《みいづ》される時近づいたぞ」（『地つ巻』第36帖）

「立て直しと申すのは、世の元の大神様の御心《みこころ》のままにすることぞ。御光《みひかり》の世にすること

**ぞ。てんし様の御稜威《みいづ》輝く御代《みよ》とすることぞ。**（中略）**世界の臣民、てんし様拝《おろが》む時来るのざぞ」**（『水の巻』第12帖）

**「てんし天下平らげて、誠の神国に、世界神国に致すのざぞ」**（『雨の巻』第12帖）

**「三千世界一度に開いて、世界一列一平一《いちれつついったいら》つのてんしで治めるぞ」**（『雨の巻』第13帖）

これを読むと、日本のみならず、世界中の人々が天皇を拝むようになるようですが、ここで大事なことは、あくまでこれは強制ではなく、自発的に、自然な気持ちから拝むようになるということです。

**「何もかも、神の国に向かって集まるようになっているのざぞ。神の昔の世は、そうなっていたのざぞ。磁石も神の国に向くようになるぞ。北よくなるぞ。神の国拝むようになるのざぞ。どこからでも拝めるのざぞ。おのずから頭下がるのざぞ」**（『夜明けの巻』第2帖）

皇居の一般参賀もそうですが、全国から大勢の国民が集まる参賀というのは、強制的に動員されているわけではありません。あくまで、天皇皇后両陛下と皇族の方々のお姿を一目見たいとか、皇室の繁栄を祈りたいといった理由で、自発的に、わざわざ時間とお金をかけて集まってくるわけです。

天皇と国民が「まこと心」で結ばれる、あの美しい姿が世界に広がる形で実現する時、日本の天皇は「世界天皇」になられるのだと思います。

## ◎日本が目指すべきは天皇による祭政一致の世

日月神示には正式な名称はありません。「ひふみ神示」とか「ひつく神示」という呼び方もありますが、「ひつき（ぎ）」という訓《よ》みは、天皇の正式名である「天津日嗣皇尊《あまつひつぎすめらみこと》」の「日嗣」とも通じます。

つまり、日月神示が正しくは「日嗣《ひつぎ》」の神示であるとするなら、本来ならば天皇自らが直受すべき神示と思われるのです。

神示では、天皇のことを「天津日嗣の皇子《あまつひつぎのみこ》」とも表現しています。先に紹介した『地つ巻』第11帖の一節、

**「一つの王で治めるのざぞ。天津日嗣の皇子様が世界中照らすのぞ」**

にもありますが、『梅の巻』第21帖にも、

**「天津日嗣の御位《みくらい》は幾千代《いくちよ》かけて変わらんぞ」**

という言葉がみられます。「幾千代かけて」というのは、明らかに「君が代は、千代に八千代に」に重ねた言い回しです。

日本は古来、神の意志をシャーマンたる巫女が受けて、政《まつりごと》を行ってきたようです。これが日本の正しい政治のあり方であり、超古代から古代においては祭政一致の社会が営まれていました。それから、神示によれば五度にわたる「岩戸閉め」があり、暗闇の世となってしまいます。

それでもかろうじて残っていた神道祭祀は、明治以降、西洋的唯物思想と合理主義が怒《ど》濤《とう》のように入ってくる中で、ほぼ完全にその霊脈が絶たれてしまったのです。

そんな時代の流れを見越す形で、幕末期から民間に啓示が降り始め、黒住教、天理教、金光教、大本という宗教の発生と発展をみたわけです。そして大本が弾圧で潰されると、岡本天明氏の肉体を機関として日月神示の伝達が始まり、「マコトの神」が表に現れることが決定的となったのです。

日本がこれから目指すべき〝国のかたち〟というのは、天皇（てんし様）を中心に据えた祭政一致の世です。この点、『玉響《たまゆら》』の対談ゲストでご登場頂いた総合古典藝能演出家の植村寿一先生は、しっかりと見通しておられました。その時の先生のお言葉を引用します。

「日本という国は法治国家と言われていますが、結論から言うと、これから目指さなくてはいけないのは、やはりシュメールがもともとそうであったように、神裁政治。あるいは、昔そうであったように、政教一致ですよね。祭政一致とも言いますが。そうしたあり方が本来の人類社会の姿なのだと思います」（『玉響』２０１８年5月号）

右の植村先生のご発言と同様の内容が、昭和33年12月25日に降りた日月神示『月光の巻』第7帖に出てきます。

**「多数決が悪多数決となるわけが何故にわからんのぢゃ。投票で代表を出すとほとんどが悪人か狂人であるぞ。世界が狂い、悪となり、人民も同様となっているから、その人民の多くが選べば選ぶほど、ますます混乱してくるのであるぞ。それより他に人民の得心出来る道はないと申しているが、道はいくらでもあるぞ。人民の申しているのは平面の道、平**

**面のみでは乱れるばかり、立体に綾《あや》なせば弥栄えて真実の道がわかるのぢゃ。ぢゃと申して独裁ではならん。結果から見れば神裁ぢゃ。神裁とは神人交流によることぞ」**

しかし、このような「てんし様」を中心とした祭政一致の世が復活する道は、簡単なものではないようです。

世界は動乱の時代を迎えています。その大激変を乗り越えるというプロセスを経ない限り、永久不変の理想社会は訪れない。それが日月神示に一貫して書かれていることなのです。

# 第2章　歴史サイクルで読み解く未来

## ◎地球は過去6回の大天変地異に見舞われた？

世の中は混沌に向かっているのか、それとも、希望あふれる輝かしい未来が待っているのか。

日月神示によれば、そう遠くない未来に、万有《ばんゆう》和楽《わらく》（あらゆる存在が共に笑《え》らぎ楽しむこと）の「ミロクの世」が訪れるとしています。それは決まっているのですが、その前に、これまでの長い歴史の中で人類が積んできた業（カルマ）の総決算である「大禊《みそ》ぎ祓《はら》い」が起きる、とも示されています。

要は、私たちは今、かつてないスケールの大変動期に遭遇しており、その波からは何人《なんぴと》たりとも逃れることはできないというのです。

このような世界的大変動というのは、過去にも何回かあったらしく、『竹内文書』によれば、地球規模の大天変地異はこれまでに6回起きたことが記されています。

その第1回目は、上古第三代にあたる天日豊本黄人皇主天皇《あめひのむとひのひみいぬしすめらみこと》の時代。

※「天日豊本黄人皇主天皇即位百六十億万歳の時、地球全部大変動、土《どろ》の海となり、万

物悉《ことごと》く万国全滅す」とある。

第2回目は、上古第四代、天之御中主《あめのみなかぬし》天皇の時代。

※「天之御中主男天皇の御代に、地球万国全部土の海となること二度に及び。此の地変によりて、太平洋中の二大陸『ヒ大アケ・ヒガシ』『ヒタツ・ヒイタ』、一夜にして陥没す」とある。

第3回目は、上古第十四代、国之常立《くにのとこたち》天皇の時代。

※「天皇即位百億万年、天万陪猿日主年、コノメハル、ケサリ月円一日、日球《ひだま》の国ひ登り、地球万国土の海とかえらくす。木に餅がなる。万国人全部死す」とある。

第4回目は、上古第二十一代、伊邪那岐《いざなぎ》天皇の時代。

※「天皇即位八十億万年カナメ月円六日、万国土の海と大変動かゆらくす。木に餅がなる。五色人全部全滅す」とある。

第5回目は、上古第二十二代、天疎日向津比売《あまさかりひにむかいつひめ》天皇の時代。

※「天皇即位五百万年ナヨナ月立三日より、地球万国大変動土の海とかゆらくす。人三尺となり前後木に餅がなる」とある。

第6回目は、不合朝第六十九代の神足別豊耡《かんたるわけとよすき》天皇の時代。

※「天皇即位三十三年サナヘ月、天地万国大変動五色人多く死す。天皇の御代には、相次いで二回の大変動ありて、最後の時、紅海及びアラビア砂漠出現す」とある。

日月神示には、**「世は七度の大変わり」**という言葉が出されています。これは『竹内文書』にあるように、これまでは6回の大変動があり、今回が7回目にあたるということを告げているように思われます。このプロセスを通じて、世の中は根本からひっくり返るということのようです。

**「人間の力だけでは、これからは何も出来ん。**（中略）**世は七度の大変わりと知らしてあろう」**（『黄金《こがね》の巻』第26帖）

**「世は七度の大変わり、いよいよの段階に入ったら、何がなんだか、我《わ》れ善《よ》し**（自己中心）**の人民にはいよいよわからなくなり、焦れば焦るほど深みに落ち込むぞ」**（『月光の巻』第40帖）

しかし『竹内文書』や日月神示に書かれていることだけでは、科学的証拠もないし、どうしても雲をつかむような話になってしまいます。今後、地球的大規模の変動が起きるにしても、明日かもしれないし、何百年も先のことかもしれません。そもそもそんな予言など信用できないという人も多くいると思います。それは当然のことです。
では、まったく別の角度から、歴史の大きな流れを概観し、未来展開を予測してみることにしましょう。

## ◎村山節氏の大発見「文明800年周期説」

東西文明の興亡に「800年」という規則正しい周期があることを発見したのが、故・村山節《みさお》先生です。この説については、拙著『日月神示・完全ガイド&ナビゲーション』でも紹介しましたので、ご存じの方もいらっしゃると思いますが、もう一度ここでこの説を取り上げてみます。

村山先生によれば、過去6000年の間、東洋の文明と西洋の文明は、互いに入れ替わるように、興亡を繰り返してきています。

一つの文明の興隆から崩壊までの期間が、だいたい800年かかります。そして次の主役にバトンタッチして、およそ800年間沈滞した後、また興隆が起こるのです。つまり、全体の文明周期は、約1600年ということになります。村山先生は、一つの文明のサイクルを1CC（Civilization Cycle）と呼びました。

文明には、一人の人間の一生のように、あるいは1年の四季のように、幼年期（冬）、少年期（春）、青年期（夏）、壮老年期（秋）があります。いかなる文明も、1600年の歳月をかけてこのように栄枯盛衰を繰り返すのです。

ここで重要な点が二つあります。一つは、東の文明が盛んな時は、西の文明は低迷しており、西の文明が栄えている時は、東の文明は没落している、ということです。

もう一つは、東西の文明がクロス（交差）する時期、つまり、東または西の文明が勃興《ぼっこう》してくる時と、西または東の文明が沈み行く時が重なり合う時点で、必ず世界的な大動乱が起きているということです。

この大動乱期に起きる事変とは、文明の崩壊や民族大移動といったものです。また、この東西文明の「クロス期」は、ほぼ百年間に及ぶことがわかっています。

そしてこのパターンは、可能な限りさかのぼることのできる6000年の人類史において、一つの例外もないといいます。

本当にそうなのかどうか、ざっと概観してみましょう。

まず、今から800年前のことになりますが、この時期には東の文明の崩壊が起きています。西暦1200年から1300年にかけて、チンギス・ハンとその息子、その孫と三代にわたり、タタール、アルタイ高原の民族群が大移動したのです。

それよりさらに800年前は、西の文明が滅び行く時です。西暦400年〜500年のクロス期には、かの有名なゲルマン民族の大移動が起きています。

さらにさかのぼること800年前、紀元前400年から同300年の頃は、東の文明の崩壊期にあたります。中国およびインドの古代文明、アッシリア、ペルシャ文明がみな滅んだ時で、日本では縄文時代が終焉を迎え、弥生時代に移行しています。

またさらに800年前、紀元前1100年から1200年というのは、中央アジアよりアーリア民族がエーゲ海やエジプト方面に大乱入した時期です。この時、エジプト文明、エーゲ海文明、ヒッタイト文化など、西の文明が滅んでいます。

さらにそれより800年前、紀元前2000年から1900年のクロス期には、シュメール文明とインダス文明が最期を迎えています。紀元前2300年から栄えたインダス文明は、蛮族の襲来により紀元前2000年頃に全滅、シュメール文明もまた同じ時期に全滅しています。

今、人類の歴史は、前回起きた文明のクロス期からちょうど800年を迎えています。

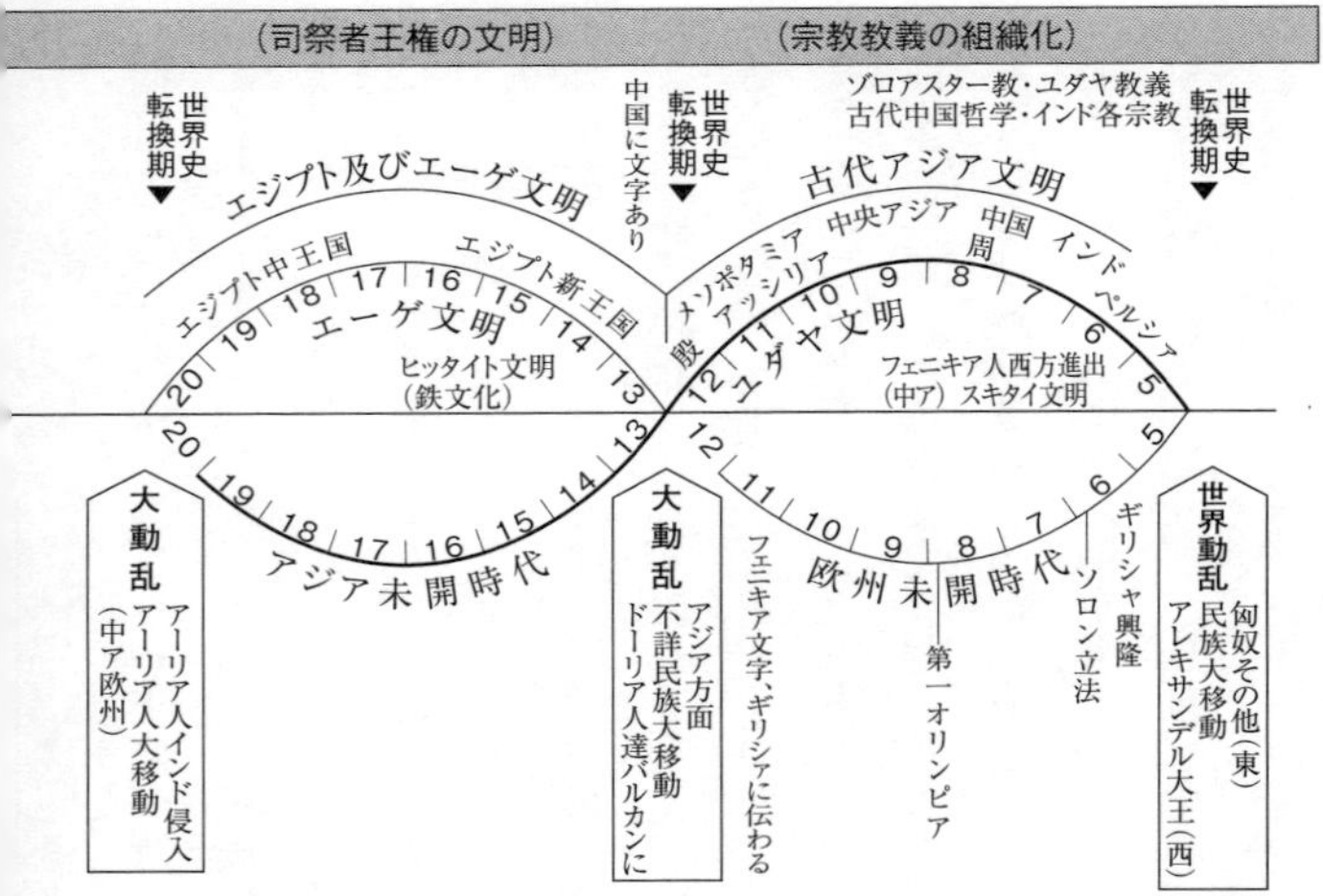


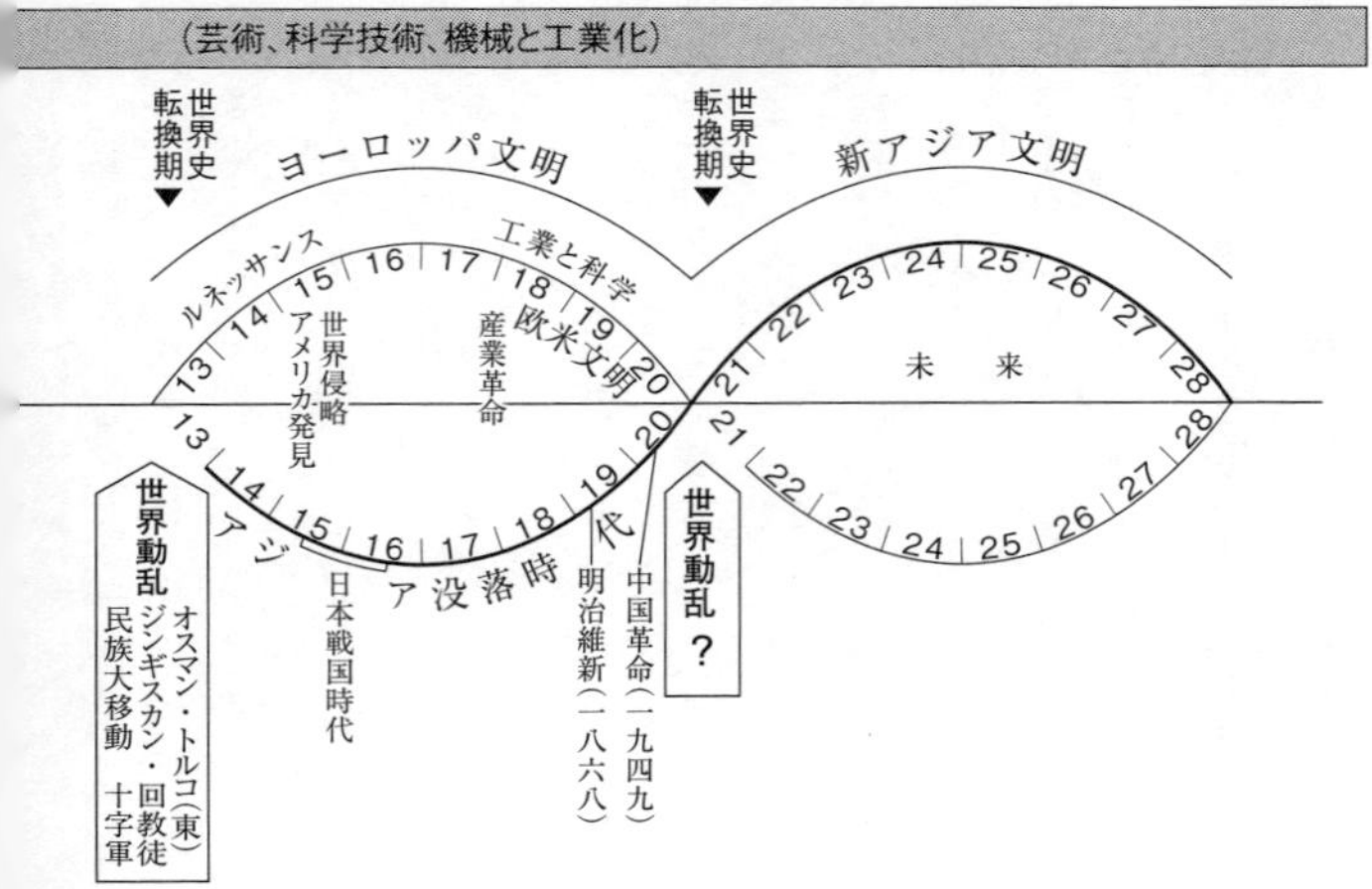


『魂の叡智　日月神示：完全ガイド＆ナビゲーション』より

文明800年周期図

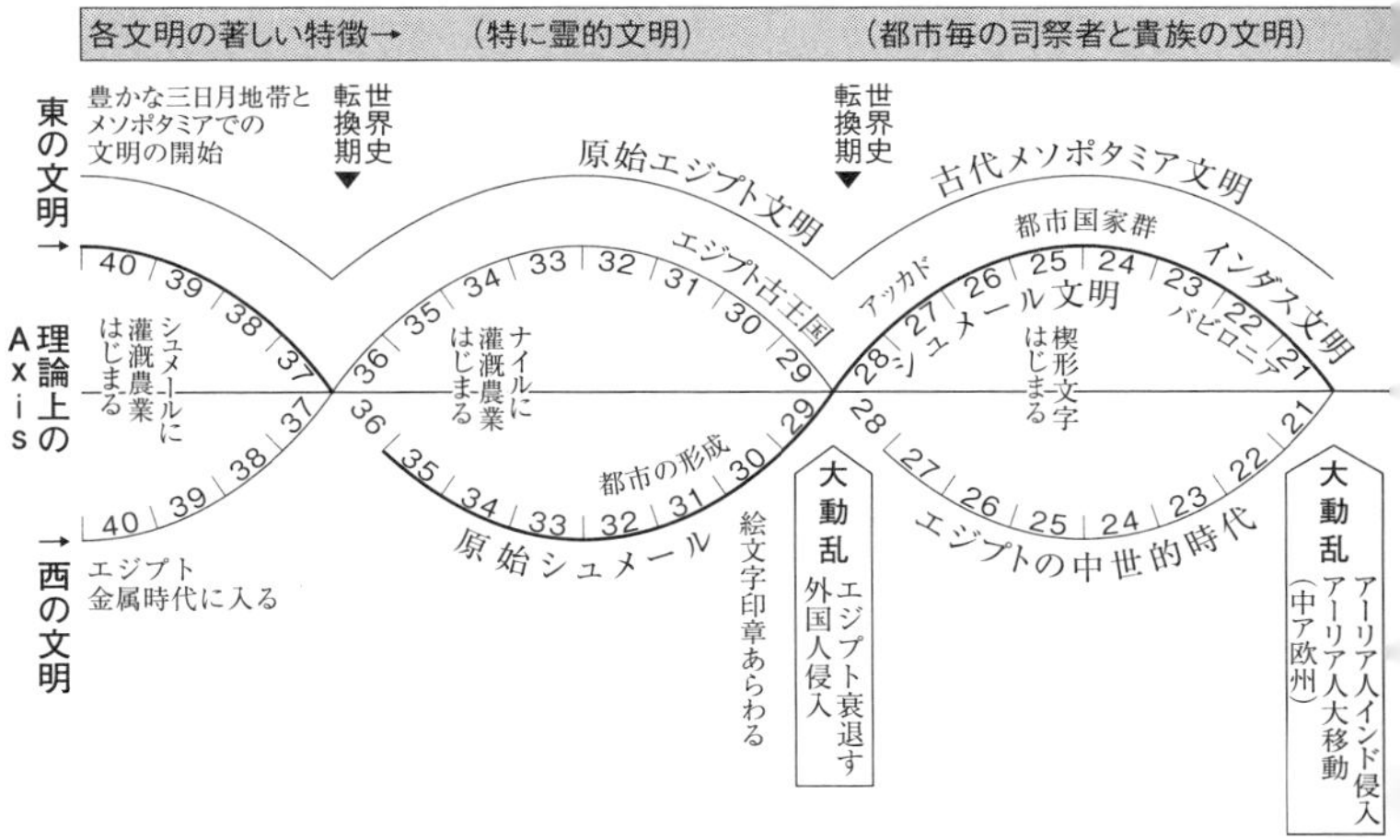
各文明の著しい特徴→
(特に霊的文明)
(都市毎の司祭者と貴族の文明)
東の文明→
理論上のAxis
→西の文明
豊かな三日月地帯とメソポタミアでの文明の開始
世界史転換期
原始エジプト文明
古代メソポタミア文明
エジプト古王国
都市国家群
インダス文明
アッカド
シュメール文明
バビロニア
シュメールに灌漑農業はじまる
ナイルに灌漑農業はじまる
楔形文字はじまる
都市の形成
原始シュメール
エジプトの中世的時代
エジプト金属時代に入る
絵文字印章あらわる
大動乱 エジプト衰退す 外国人侵入
大動乱 アーリア人インド侵入 アーリア人大移動(中ア欧州)

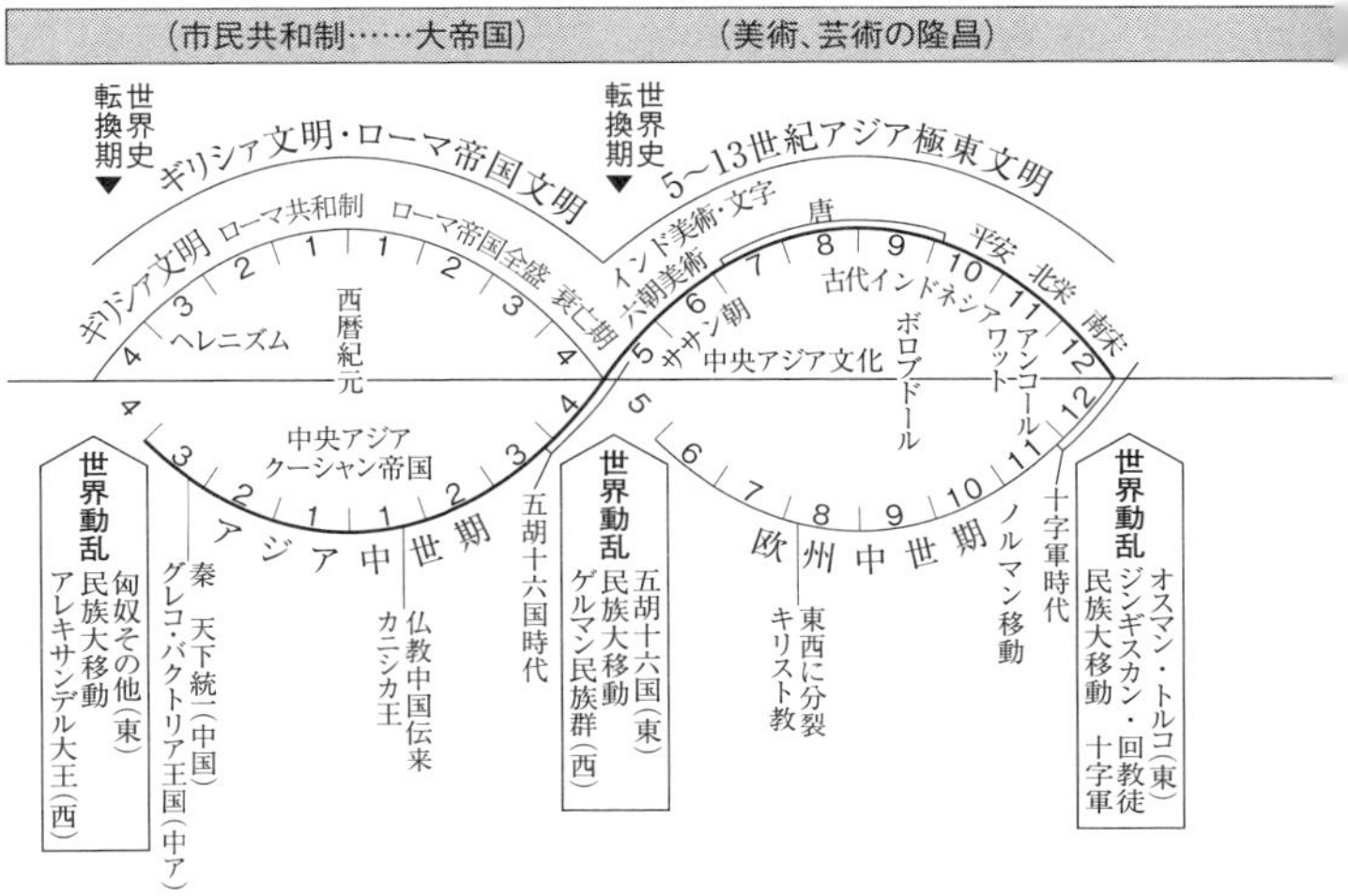
(市民共和制……大帝国)
(美術、芸術の隆昌)
世界史転換期
ギリシア文明・ローマ帝国文明
5~13世紀アジア極東文明
ギリシア文明
ローマ共和制
ローマ帝国全盛
衰亡期
ヘレニズム
西暦紀元
インド美術・文字
六朝美術
唐
平安
北栄
南宋
ササン朝
古代インドネシア
中央アジア文化
ボロブドール
アンコールワット
中央アジア クーシャン帝国
アジア中世期
欧州中世期
世界動乱 匈奴その他(東) 民族大移動 アレキサンデル大王(西)
秦 天下統一(中国)
グレコ・バクトリア王国(中ア)
仏教中国伝来 カニシカ王
五胡十六国時代
世界動乱 五胡十六国(東) 民族大移動 ゲルマン民族群(西)
東西に分裂 キリスト教
ノルマン移動
十字軍時代
世界動乱 オスマン・トルコ(東) ジンギスカン・回教徒 民族大移動 十字軍

ルネッサンス、大航海時代以来、400年にわたり栄華を極めたヨーロッパ＝アメリカ文明は、すでに没落トレンドに入っているわけです。これに代わって、また東の文明が台頭してくることになります。

つまり、私たちはまさに今、文明の崩壊や民族大移動をともなうような世界的規模の大変動が100％の確率で起こる時期の真っ只中にいるわけです。

実際にどのような事態が起こるかということは、1600年前に起きたことを見ればだいたい予想がつくのだそうです。この時の文明興亡のパターンは、西の文明が没落し、東の文明が興隆していく時ですから、今のパターンと同じになります。

村山先生によれば、このたびの文明交代期は、2000年から2100年の100年間かけて起きるということになりますが、1600年前の交代期が、西暦400年から500年にあたるところ、実際には西暦375年のフン族の大移動に端を発していることから、今回の交代期は1975年から2075年までに起こるだろう、としています。

## ◎鶴岡八幡宮で降りた〝啓示〟

ところで、ちょっとここで話が横道に逸れますが、村山先生がこの文明周期を発見するに至った時のエピソードが面白いので、紹介します。

村山先生のご自宅は鎌倉にあり、近くに鶴岡八幡宮がありました。その参道を散歩するのが、日課だったようです。

昭和13年のある日、いつものように参道を散歩していると、突然、天から降ってくるような男性の声で、「歴史は、直線の分析より始まる」とハッキリ聞こえたのだそうです。一種の〝啓示〟であったのでしょう。

それから自宅に戻り、長い廊下で、紙をつなぎ合わせて十メートルもある横長の紙を作りました。そこに、10年につき1センチの正確な座標をとり、政治・経済・文化など、ジャンルごとに色鉛筆を使い分け、歴史上の様々な出来事を書き込んでいきました。

学校の歴史教科書などで出てくる世界史年表の時間軸は、等分ではありません。ある時期は長くとられ、ある時期は短いというように、偏りがあります。この歴史時間の目盛りを、端から端まで、正確に、等分に取ったということです。

出来上がった長大な年表を眺めていた村山先生は、ハッと気づきました。東と西の文明が入れ替わるように興亡を繰り返していること、そして800年に一度、文明の大崩壊という現象が規則正しく起きていること——。

村山先生に「歴史は、直線の分析より始まる」と告げた声の主は、どなただったのでしょうか。

鶴岡八幡宮は、八幡神を祀っている中でも代表的な、由緒ある神社です。源頼朝公により、石清水八幡から勧請されたことが創建の由来ですが、八幡神の総本山は、大分の宇佐《うさ》神宮（宇佐八幡）です。

八幡神は、大陸から渡来した仏教の日本への浸透がはなはだしく、日本の神道が駆逐される勢いだった8世紀の頃、突如として表舞台に現れた神様です。

今日では全国に約2万5000社ある八幡社は、主祭神が誉田別命《ほむたわけのみこと》、すなわち応神天皇であり、母にあたる神功皇后《じんぐう》（息長帯姫命《おきながたらしひめのみこと》）と共に祀られることが多いのですが、記紀の応神天皇の条には八幡神の名は見られません。宇佐八幡の名もありません。これは、記紀成立の後に現れた神様であることを物語っています。

東大寺の盧舎那《るしゃな》仏像を建立したことで知られる聖武《しょうむ》天皇は、「自分は三宝（仏・法・僧）の奴《やっこ》」、すなわち「仏教の奴隷である」とまで言いました。

本来は神道を奉ずるべき天皇までもが仏教に帰依する事態となり、神道が存亡の危機に立った時に現れたのが八幡神です。

八幡神は、よく託宣する神でした。『八幡宇佐宮御託宣集』という記録も残っています。一地方の神にしか過ぎなかった八幡神は、中央政界に踊り出て、日本の神々を代表してこう告げます。「自分は昔、インドにいた神であったが、今は日本に来て鎮守する神となっている」と。

つまり、日本の神はもともとインドが本地《ほんじ》（出生地）であったが、日本に迹《あと》を垂《た》れた（仮の姿として現れた）のだ、としたのです。これを「本地垂迹《ほんじすいじゃく》」説といいます。平安時代に入ってから神道の主流となる本地垂迹説ですが、その端緒は八幡神によって開かれたと言っていいと思います。

日本の神道は、仏教と対立するのではなく、習合することで存続し、没落から救われることとなったのです。

そして近代に入り、日月神示が降りるわけですが、岡本天明さんが昭和19年に最初の日月神示を書記した当時は、千駄ヶ谷の鳩森八幡神社で代理神主をしていました。その前は代々木八幡に住んでおり、近くの代々木八幡神社の平岩宮司（作家の平岩弓枝さんのお父上）とは言霊《ことたま》を学び合う仲だったそうです。この平岩宮司からの紹介で、天明さんは鳩森八幡神社で代理神主を務めることになりました。日月神示も八幡神に縁がないとは言えないのです。

第1章でご紹介した、日蓮聖人が書いたとされる「護国曼荼羅」に八幡大菩薩（八幡神の菩薩号）の名が記されていることも併わせて考えると、八幡神には何かの大きな役割を感じざるを得ません。

村山先生に男の声で〝託宣〟した御方は、八幡神だったのでしょうか。

## ◎1600年よりさらに大きな周期がある？

私は残念ながら村山先生にお目にかかったことはないのですが、初めてこの説を知った時、その慧眼《けいがん》にはまったく驚かされたものです。

村山先生の発見された文明の栄枯盛衰のリズムは、800年とか1600年とか、8の倍数に関係があることがわかっています。そうすると、1600年よりももっと大きな長期波動、つまり、3200年とか6400年といった波動周期があったとしても、おかしくありません。

『波動進化する世界文明』（博進堂）の「巻頭論文」の中で、村山先生はこう述べています。

「文明の法則は、地球人類の対宇宙の総文明の一つですが、東半球・西半球の二文明にわかれ、四象（春夏秋冬）の中に存在し、八百年をもって交代し、一六〇〇年をもって一周期となし、三二〇〇年をもって一段と進歩し、六四〇〇年をもって、さらに高度の進歩をなします。六四〇〇年とは、第8回文明交代期で、西暦二〇〇〇年から百年間に当たります」

やはり、1CCである1600年よりもさらに大きな長期波動を、村山先生は予測されていたのです。

また、村山先生のもとで学び、「文明法則史学」を研究され、著書も数多く出されている論客に、林英臣さんがいます。

林さんは、村山先生の800年周期説をベースに、あくまで仮説としてですが、こんなことを述べています。

文明法則史学では、「8」という数を進化の数と考えます。2・4・6・8・16・32というコンピューターの進化の数と同じで、800年、1600年と、8の倍数で文明の大転換が起きている。そう考えると、6400年、1万2800年という周期でも、超大転換の波があるのかもしれない、というのです。

たとえば、1CCが1600年で、その8倍の周期が存在するとしたら、1万2800年の超大周期となる。

今を基点として1万2800年前というと、日本では縄文時代が始まる頃にあたります。幻の大陸と呼ばれるムー大陸とかアトランティス大陸などが海底に沈んだのもこの時期だと言われています。

もし、1万2800年ごとにめぐってくる超巨大な変動の波に今日の人類が遭遇しているとすると、また大陸の陥没や隆起を伴うような地球的規模の大激変が起きても、何の不思議もありません。まさにそうなると『竹内文書』の世界の再来です。

こうしたことを踏まえた上で、日月神示の冒頭、『上つ巻』第1帖を読むと、次の一節が、より心に響くのではないかと思います。

「いま一《ひと》苦労あるが、この苦労は身魂をみがいておらぬと越せぬ、この世始まって二度とない苦労である。このむすびは神の力でないと何も出来ん、人間の算盤《そろばん》でははじけんことぞ。日本はお土《つち》が上がる、外国はお土が下がる。都の大洗濯、鄙《ひな》（田舎）の大洗濯、人のお洗濯。今度はどうもこらえてくれというところまで、後へ引かぬから、そのつもりでかかって来い。神の神の力を、はっきりと見せてやる時が来た」

その言葉通り、これは比喩でも何でもなく、〝この世始まって二度とない〟超大変動が迫っているという、神からの警告と受け取れるのではないでしょうか。

## ◎村山氏が予見した「民族移動」が起き始めた

現在はまだ、そのような大規模な変動は起きていませんが、その走りのようなものが、すでに始まっています。

２０１５年、シリア内戦が泥沼化したことで、難民が大挙してヨーロッパ方面に逃れてくるようになりました。これにより、難民を受け入れるのか、それとも拒否するのかで、欧州諸国の対応は別れていますし、受け入れた国も混乱しているようです。

米国ではトランプ大統領の登場により、不法移民に対して厳しい政策を打ち出すようになり、メキシコとの国境に「壁」を建設しようとしています。

日本でも今、移民とか難民の名のもとに入り込んでくる外国人が問題になっています。ここ数年の間に、世界中で移民や難民が大きな問題として浮上するようになりました。

私は、世界のこうした動きを見るにつけ、村山先生の予測していた通りのことになってきたという思いを強くしています。この100年間の「クロス期」に、文明の崩壊を伴う世界動乱と民族移動が、必ず起きると警告されてきたからです。

ただ、今起きている移民とか難民問題は、まだ「民族移動」と呼ぶには小さなものです。本格的に民族の大移動が始まったら、こんなものでは済まないでしょう。このことについては次章で触れたいと思います。

世界の動きを見ますと、戦後から今日に至るまで世界の覇権を握ってきた超大国・アメリカ合衆国は、2000年を過ぎたあたりから次第に衰えを見せ始め、かつての全盛期と比べると、威光が失われつつあるようです。

村山先生の800年周期説からしても、現在は、大航海時代から栄華を極めてきたアングロサクソン文明の没落期にあたります。20世紀に米国が超大国として君臨したのは、いわば最後のあだ花だったと言えるでしょう。

もちろんまだ米国の力はけっして侮《あなど》れませんし、世界全体に影響力を持つ国としては一番なのでしょうけれども、トランプ大統領が就任すると、「アメリカ・ファースト」をスローガンに掲げ、「内向き」に転じてしまいました。もう、「世界を構うアメリカ」ではなくなってしまったのです。

米国の弱体化は、世界秩序の流動化をもたらします。そうすると次に起きてくるのは、次の覇権を握るための戦争でしょう。

米国の衰退とは対照的に、アジアの大国として台頭してきたのが中国です。米国民主党政権の時代には蜜月《みつげつ》であった米中関係も、トランプ政権に代わるとすっかり状況が変わり、中国への締め付けが強くなり出しました。いまや両国は静かなる戦争状態にあると言っていいと思います。

近年における中国の経済成長は目覚ましく、「これからは中国の時代だ」と見た日本の識者も多かったようです。

文明の法則からしても、次は東の文明が興隆してくるサイクルになりますから、中国がこれから世界の覇権を握ると考えるのも道理のように思えます。

しかし、中国が世界の覇権を握るということは、有り得ません。少なくとも、今の体制のまま世界のトップに君臨することは、不可能でしょう。

おそらく、中国は2020年を過ぎたあたりから、衰退が顕著になってくるはずです。すでに経済成長には鈍化の兆しが見えていますが、私の聞いている裏の情報からしても、中国経済は持ってあと2、3年というところです。そのあとは、共産党一党独裁体制の崩壊、軍閥の台頭、内乱というシナリオが現実味を帯びてきます。

なぜ中国が覇権を握ることは有り得ないのか。これは、次に紹介する「ガイアの法則」からも言えることです。

## ◎「ガイアの法則」では次期文明の中心軸は日本に来る

「ガイアの法則」とは、数学的理論にもとづく、単純明快にして驚愕《きょうがく》に値する文明周期説です。といっても、アカデミックなものではなく、どちらかというとスピリチュアルな、都市伝説の類と思って頂いても構わないのですが、村山先生の文明８００年周期説をさらに進化させたようなもので、信憑性は高いと思います。

この法則を発見したのは、千賀一生《ちがかずき》さんという方です。

千賀さんの説は、村山先生の説と非常に似ていますが、それよりもさらに地球レベル、宇宙レベルでの解釈に昇華させているのが特長です。

千賀さんの発見された一文明の周期サイクルは、１６１１年です。村山説では１６００年なので、ほぼ同じと見てよいでしょう。東西の文明がほぼ８００年ごとに覇権を交代しているというところも同じです（千賀さんの解釈では８０５・５年）。

千賀説で特長的なのは、それぞれの文明にはその象徴的な中心地というものがある、ということです。その中心地が、文明が代わるごとに、経度にして22・5度ずつ移動しているのです。

村山説では、東洋とか西洋という大きなくくりでしたが、千賀説によれば、地球を西周りするスピンと、東周りのスピンがあって、それぞれが１６１１年という「生涯」を持つ文明を生み出しながら、中心地を22・5度ずつ移動させて行っているのです。千賀さんはこれを「聖なるリズム」と呼んでいます。

「聖なるリズム」でとくに重要なのは、「16」という数字です。

地球の中心軸はゆっくりと回転しており、その運動は歳差運動として知られますが、これが一周するのが、２万５７７６年です。その16分の１が１６１１年で、これが一つの文明の周期になるのです。また、地球を一つの球体（円）として見た場合、３６０度を16で割ると22・５度になります。これが、文明の中心地が移動する時に刻む「経度」の値になっているのです。

千賀さんによると、地球だけではなく、宇宙全体が同じ周期的リズムを持っているといいます。それはどういうものかというと、まず一つの周期に対して４分の１のリズムが生じます。さらにその４分の１で、16分の１のリズムが生じます。

このリズムが、あらゆる天文周期と生命との関係を結んでいるのだそうです。例えば、1日24時間の16分の1は90分になります。90分という単位は睡眠の周期としても知られています。また1年の16分の1は約23日になりますが、これはバイオリズムの一周期と言われている日数です。各周期にこうした16分の1のリズムが流れており、私たちはそういう自然界のリズムの中で生きながら、様々なドラマを繰り返しているわけです。

古代の人々はこのことに気づいていたようです。16という数は古《いにしえ》より〝聖なる数〟と

『文明焦点移動』の法則

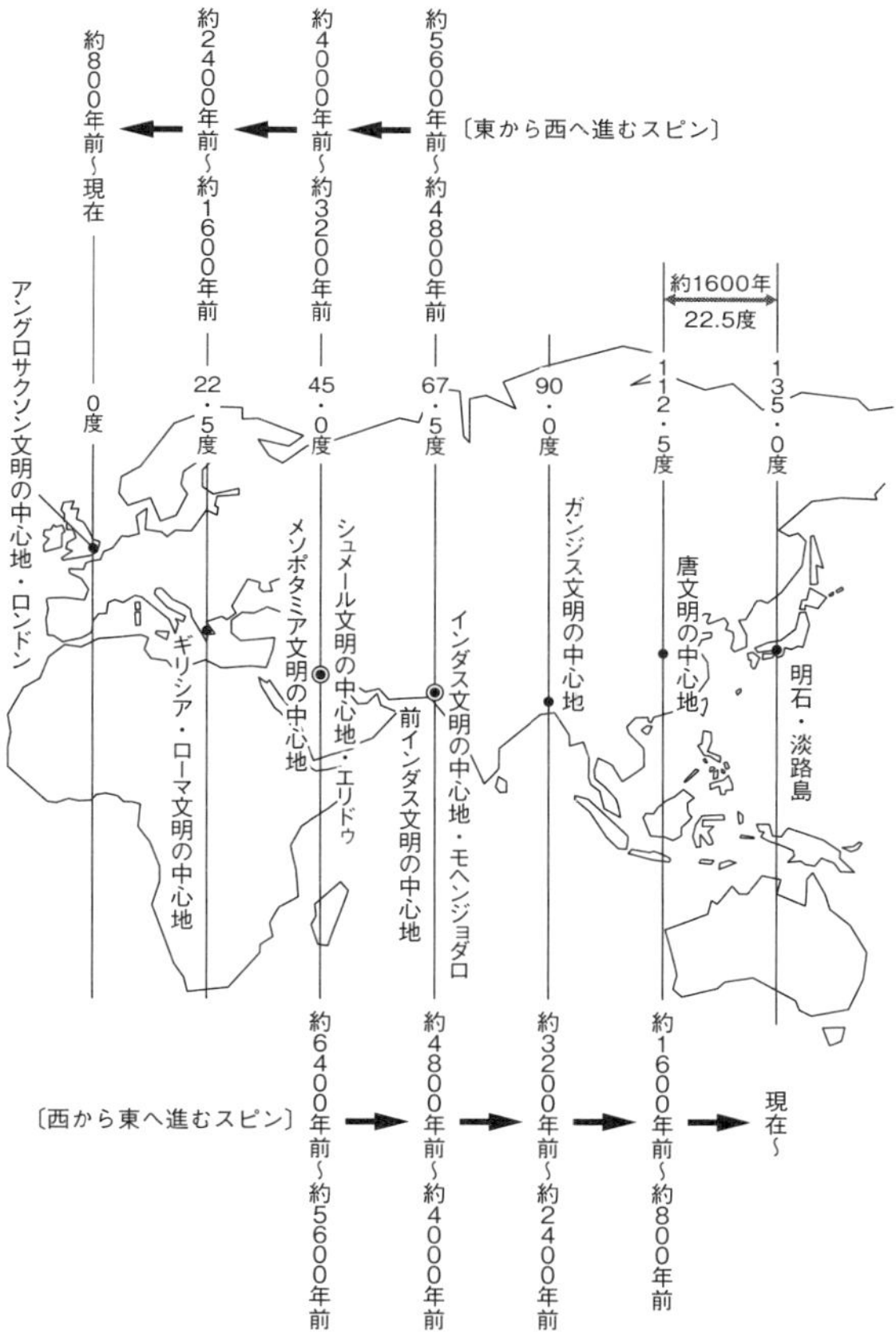


人類文明の焦点は、地球上を1611年に22.5度移動する。
人類文明の焦点は、正反する陰陽の対関係によって進展する。
人類文明の焦点は約2万6000年で地球を一巡する。

『ガイアの法則』(千賀一生著)より

呼ばれてきました。それをよく表しているのが、日本の皇室の「菊の御紋」です。菊花紋は16の弁を持っていますが、この菊花状のシンボルは、日本だけのものではなく、メソポタミアやイスラエルなどの中東諸国の遺跡や宗教的建築物に数多くみられます。

私も以前、イスラエルを訪れた時、聖地エルサレムなどでこの紋を実際に確認しました。驚くのは、ユダヤ教もイスラム教も、この16弁の菊花状のシンボルを神聖視していることです。ただし今は、そこに込められた深い叡智《えいち》も忘れ去られているようでした。

## ◎日本を中心に新たな文明が始まる

これまでは、アングロサクソンが支配する「西の文明」が栄えていた時代でした。その文明の象徴としての中心地はロンドン（経度0度）です。この文明期は今、終焉を迎えようとしています。

その次の文明の主役は、西洋から東洋に移ることがわかっています。これは村山説でも同じです。東洋ということは中国かもしれないし、実際そう予測する人も多くいます。

しかし千賀さんの「ガイアの法則」によれば、次の文明の主役は中国ではありません。

中国が主役だったのは、前回、東洋の文明が栄えた時代で終わっているのです。その文明期の象徴としての中心地は、7世紀〜10世紀初頭にかけて栄えた唐（東経112・5度）でした。

ということは、今度はそこから22・5度東に移動した、東経135・0度の位置に文明の中心がくることになります。東経135・0度といえば、日本の明石を通るラインで、日本の標準時が定められているところでもあります。このあたりの地に、次期文明の中心軸がやってくる。つまり、日本が次の文明の中心になるということです。

日本が世界の中心になるなんて、そんなことはあり得ないと思う人も多いと思いますが、これは地球が生み出す「リズム」であり「法則」であって、人間の主義主張が通る話ではありません。

文明の移動はすでに始まっています。それを象徴する出来事が1995年に起こりました。阪神・淡路大震災です。千賀さんによれば、文明周期の交代は、大きな地震が起きる震源地とタイミングに示されると言います。要するに、1995年からもうすでに新たな文明の草創期に入っているのです。

一つの文明サイクルの長さ、すなわち、文明の種が生まれて、育ち、成熟し、やがて衰退して死を迎えるまでの期間は、１６１１年かかります。東の文明は、これまで冬の時代を過ごしてきましたが、今、春がやってきて、主役を交代しようとしています。その壮大なサイクルのスタート期に私たちは遭遇していることになりますが、明日にも日本を中心とした文明が開化するわけではありません。

私たちが今生きている時期というのは草創期であり、同時に、西の文明が終焉を迎えるクロス期に当たっています。クロス期というのは先ほども述べたように、世界的な動乱の時代でもあるのです。千賀さんによれば、現在の文明のリーダーたちが、自らを守ろうとする力が強く働けば働くほど崩壊の力は大きくなるということですが、現在の状況からして、その崩壊のマグニチュードは相当大きくなると考えざるを得ません。

## ◎６０００年のサイクルも重なってきている

さらに言えば、今回の激変期は、８００年に一度とか１６１１年に一度という文明サイクルの転換期に当たっているだけではなく、もっと大きなサイクルが折り重なってきているようなのです。

千賀説によると、今回は「16分の1」のサイクルだけでなく、「4分の1」のサイクルにも遭遇していると言います。歳差運動の一周期にあたる2万5776年の4分の1は、6444年です。この6444年を一単位とするサイクルが存在するようなのです。

今から6444年前にスタートした文明というのは、人類最古と言われるシュメール文明です。そこから始まったサイクル期が、今、終わりを告げようとしているのです。

文明は一つの特有の「カラー」を持っているそうです。今回の文明転換期にあたり、中心軸が東経135度に移った時に、また新たな「カラー」で6444年という単位がスタートする。つまり、今回新たに始まる日本初の文明は、今までのような800年間かけて興隆するだけのトレンドではなく、もっとはるかに大規模なサイクルが始まろうとしており、それは新たな「カラー」の誕生になることが予測されます。その「カラー」とは「色」のことではなく、「性質」というべきものだと千賀さんは語っています。

＊　＊　＊　＊　＊

**中矢**　千賀さんは、文明には色があるとおっしゃっていましたね。世界最古と言われるシュメール文明から今日に至るまでが6400年。それがひとつのカラーを持っていたと。

**千賀**　そうですね、大きく分けると今までの6400年間のまとまったカラーがあって、それがいわゆる二元対立的な性質の文明ですよね。それとは対照的に、これから始まるカラーというのは、たんに800年とか1600年とかの長さではなくて、6400年間ずっと続く一つの、母性文明としてのカラーになる。その核を築く場所が135度ラインというふうに認識しています。

**中矢** カラーというのは、具体的な「色」ではないのですね。

**千賀** 色ではなくて、性質ですね。

**中矢** それは「母性文明」ということでしょうか。

**千賀** わかりやすく言えば、そう言えるかなと。

**中矢** 父性に対して母性と……今までは父性原理、男性原理で来ていたけれども、これからは母性原理、女性原理の時代。でも、やはり将来的には両方の融合ですよね。

**千賀** そうですね。

**中矢** 日本神話で言うと、イザナギ・イザナミの夫婦神の融合でしょうか。イザナギ・イザナミの話はきっと父性原理と母性原理のことを言っているのだと思うんです。そして135度線の通る淡路島に、伊弉諾《いざなぎ》神宮があるっていうのは面白いですね。日本神話で言うと、「国生み」の原点ですから。

**千賀**　イザナギ・イザナミが産み落とした島ですからね。

（『たまゆらPremium』2011年8月号「岩戸開き対談」より）

＊　＊　＊　＊　＊　＊

現在は過渡期にあるとして、日本を中心とした文明が本格的に始まるのは、いつ頃になるのでしょうか。千賀説では、過去の例からすると、約100年間で基礎が完成していると言います。つまり、1995年からおよそ100年間をかけて、次の文明の基礎を築いていくことになるわけです。

これは大変重要な時期にあたると千賀さんは強調します。今私たちが生み出している、有形無形の様々なものが、新しい文明を形づくる「種」となっているからです。

いずれにせよ、新しく始まる文明は日本が中心となる、しかもその場所は日本の標準時にあたる東経135度の地点にある明石のエリアだろうということですが、もっと具体的には、中心ポイントからスピンの進行方向に、22・5度のさらに16分の1の範囲、つまり、東側に経度にして1・4度の範囲内であれば、強いフィールドになるといいます。そうすると、神戸、京都なども入ってしまいます。

## ◎丹波が世界の中心になる!?

これは私見ではありますが、たとえば唐王朝の首都であった長安が、この時代の文明の中心地だったとすると、少しだけズレが生じているのです。

長安は、現在の中国の西安ですが、ここは東経で言うと、約109度の地点です。112・5度とは、3・5度もの開きがあります。

では、109度に22・5度を足すとどこのあたりになるのか。東経131・5度ですから、山口県とか大分県あたりになると思います。要するに、文明の中心となると予想されるエリアの幅はかなり広く、東海から九州までの範囲なら、どこに来てもおかしくはないということです。いずれにせよ、日本であることには変わりありません。

日本人は「中心」という言葉が好きなようで、全国各地に「日本の中心」を自称する場所や自治体がけっこうあります。そうしたところが、やがてウチが「世界の中心」とか言い出すかもしれませんが、私としては、やはり「御所」のある京都、大阪、神戸あたりが主体になるように思われます。

また、聖地として注目を集めそうな候補地として、丹波地方が挙げられるかもしれません。綾部や丹波というと、「大本」発祥の地になります。

日月神示にも、

**「丹波はタニワ、タニワとは日の本の国ぞ、世界の中心ということぞ」**（『海の巻』第11帖）

という一節が出てきます。

「丹波」はその昔、「田場」とか「田庭」と呼ばれたものが転訛《てんか》したものだそうです。そこに国常立尊の神都があったというのは、いわゆる「古史古伝」の一つとして知られる『富士文献（宮下文書）』に出てくる伝承です。

大本も丹波地方を発祥としていますので、出口王仁三郎が『富士文献』を重要視し、『霊界物語』など教説の中に取り入れたのも、そうしたところに理由があったものと思われます。

また実際、亀岡にある出雲大神宮（丹波国一ノ宮）は、創建年代が相当古い由緒あるお宮で、背後にある御影山《みかげやま》をご神体山としていますが、ここには国常立尊が葬られたという伝承があります。

ともかく、丹波のあたりが世界の中心になるという日月神示の言葉が、思いもかけず千賀さんの「ガイアの法則」からも裏付けられたような格好です。大本が再び栄えることになるかどうかはわかりませんが、京都府や兵庫県あたりが新文明の中心地となることは、十分に考えられることなのではないかと思います。丹波に都ができることは地形的に考えにくいですが、世界の聖地として崇められるようになるのかもしれません。

## ◎伊勢神宮の予言

平成25年（２０１３）、伊勢神宮では20年に一度となる式年遷宮が執り行われました。隣接する矩形《くけい》の御敷地に、新殿を建設して、旧殿の御神体をお遷しするのが式年遷宮です。一定の期間を置いて行われるために「式年」と言います。伊勢神宮では原則として20年ごとに、持統天皇４年（６９０年）以来１３００年にわたって遷宮が続けられてきました。

「伊勢神宮の予言」とは、このご遷宮にまつわる、民間の「言い伝え」のことです。それは簡単に言えば、20年ごとに行われる式年遷宮を節目に「世の中のありようが変わる」というものです。

もちろん、伊勢神宮のオフィシャルな言い伝えではありません。伊勢の人たちの間で語り継がれる「俗説」のようなものですが、その内容は「何かある」と思わせるものがあります。

伊勢の人たちは、東と西に隣接し合う御敷地のうち、東側を「米座（こめざ・こめくら）」、西側を「金座（かねざ・かねくら）」と呼んできました。そして、東の「米座」に御本殿がある20年は平和と豊穣の時代になり、西の「金座」にある20年は動乱と相克《そうこく》の時代になる、と語り継いできました。

社会科学的な根拠などはまったくありませんので、信じるに値するほどでもないかもしれません。

そこでちょっと、近世から現代にかけての「歴史年表」を当てはめて見てみましょう。

江戸末期、嘉永2年（1849）に式年遷宮が行われた時、この年から明治2年（1869）まで、御本殿は西の「金座」にありました。この時代には、黒船来航や戊辰戦争、江戸幕府の滅亡など革命的な出来事が相次いでいます。日本の支配体制が大きく変わった時期でもあります。

それからの20年は東の「米座」に遷ります。この期間は西南戦争などもありましたが、明治の文明開化期にあたり、日本の近代国家としての黎明期となりました。

明治22年（1889）から明治42年（1909）までは西の「金座」。この時代には日清戦争（1894-1895）と日露戦争（1904-1905）が起きています。

その次の20年間は東の「米座」。この時期は大正ロマンを謳歌した時代でした。

昭和4年（1929）のご遷宮では、西の「金座」へ。世界は動乱の時代に入ります。昭和6年（1931）には満州事変が起こり、1939年、第二次世界大戦が勃発。日本は昭和16年（1941）に太平洋戦争に突入、国民は戦禍に巻き込まれていきました。

次の遷宮は昭和24年のはずでしたが、戦争のため4年の延期を余儀なくされ、昭和28年（1953）にようやく東の「米座」へ遷りました。ちょうどこの頃から日本は目覚ましい高度経済成長期を迎えます。

昭和48年（1973）に西の「金座」へ遷ったとたんにオイルショック。この年からの20年間はイラン・イラク戦争、湾岸戦争などがあり、ソ連の崩壊と東側ブロック体制の消滅という、世界のパワーバランスを揺るがす大事件が起きた時期です。

平成5年（1993）からは東の「米座」に。この20年は、2001年の「9・11」同時多発テロやアフガン紛争などもありましたが、比較的世界は静穏だったと言えます。

そして平成25年（2013）、東の「米座」から西の「金座」へのご遷宮となりました。

つまり、平和と豊穣の時代から、動乱・相克の時代へと移ったというわけです。

さらに、平成25年には出雲大社でもご遷宮が行われました。出雲大社の遷宮は、ほぼ60年に一度という周期で執り行われています。伊勢と出雲の遷宮が重なるという、非常に稀《まれ》な年回りになったのです。

伊勢の人たちの間で語り継がれる、この予言的な言い伝えは、根も葉もないこじつけに過ぎないのでしょうか。あるいは、何らかの社会変動のサイクルと合致しているのでしょうか。

私たちは、2013年から2033年までの20年間で、それが真実であるか否かを、リアルタイムで目撃していくことになります。

## ◎日本は「国威発揚」の時代に

「金の座」に移った今は動乱と相克の時代となるわけですが、同時に、この期間は日本が海外に進出する「国威発揚」の時代ともなります。これは歴史が証明しています。

日清日露戦争の時も「金座」にある時でしたし、大東亜戦争で日本が領土を拡げたのも「金座」の時でした。高度成長期を経た日本経済は再び復活し、ソニーや日立、東芝、キヤノンなどの日本企業が海外に進出したのもこの時期です。

平成25年10月2日、伊勢神宮では「遷御の儀」が行われ、「金座」に遷ったとたんにアメリカのデフォルト危機が騒がれるようになりました。どうしてこうなったのか、危機を回避するにはどうするというテクニカルなことを議論したり分析したりしても、問題の本質は、そこではありません。

起きていることは要するに、アメリカがスーパーパワーとして世界に君臨した時代の終焉であり、アングロサクソン文明の衰亡を意味しているのです。

トランプ大統領が就任してから、もう一度「強いアメリカ」を取り戻そうとしていますが、現実には、アメリカは他国を構うより自国を優先し、内向きになり始めています。

アメリカが衰退すれば、当然、曲がりなりにも保たれていた世界秩序は箍《たが》が外れて混沌としてきます。中国と米国との対立も激しくなってきていますが、これは実際、武力衝突までいくかもしれません。日韓関係もかつてないほどに悪化していますし、北朝鮮と米国が和平交渉を進めるなど、朝鮮半島情勢も変化しつつあります。

しかし、そうした混乱が収束した後――それはまだまだ先のことになると思われますが――世界の新しい牽引役として立つのは日本であり、自然な流れの中で、日本を中心に、新たなる文明と世界秩序が築かれていくことになるでしょう。

## ◎『天孫人種六千年史の研究』

本章の最後に紹介するのは、昭和2年に刊行された『天孫人種六千年史の研究』という本です。

大山祇《おおやまづみ》神社の宮司だった三島敦雄という人が書いた本ですが、90年前に刊行されたということもあり、今日では知る人もなく、世に埋もれた形になっていました。

それが最近になって、ひょんなことからある方の手に渡り、ふたたび世に出回るようになったのです。その経緯について、私にこう語ってくださいました。

「名古屋在住の神道関係の仲間が、ある神社から譲り受けたことで全文を入手したものですが、数年前、それまでほとんど動かしていなかったフェイスブックに掲載することを冗談半分に口に出したら、『そうしてください』と言われたため、一週間限定で公開したところ、アッという間に広がってしまいました」

現在は出版社経由で復刻版が販売されていますが、きっかけはこの方がフェイスブックにて全文を公開したことによります。

その本の「第一篇　総論」を開くと、「第一　世界東西文明の大祖スメル人種の大宗家たる我が皇室並日本民族」とあり、その冒頭に、

「東方日出の大帝国を経営する我が崇高無比なるスメラ（天皇）尊を中心とする天孫人種は、世界東西文明の祖人種として文明創設紀元六千年を有する所謂《いわゆる》世界の黄金人種たるスメル系民族である」

と記されています。

これがこの本のテーマであり、結論です。皇室および日本民族は天孫人種であり、人類文明の始まりから6000年の歴史を有する黄金人種、スメル系民族である。それを論証したのが、本書であるということです。

「スメル」という言葉は「シュメール」のことです。戦後は「スメル」というと「スメラミコト」を連想させるため、「シュメール」に統一されたのですが、英語表記は「Sumer」、

アッカド語では「Šumeru」ですから、「スメラ」とか「スメル」と言った方が近いのです。

また、「スメル」はシュメール語で「神」という意味になるのだそうです。

人類の文明は、6000年前のシュメール（スメル）文明から始まったとされていますが、そのシュメール人と日本との関係は、今、様々な面から学術的研究がなされています。そう遠くない将来に、三島説が正しかったことが科学的に裏付けられる可能性は高いと思われます（ただし、日本の学会は相当遅れています）。

日月神示にも、

**「この道はスメラが道ざ、スメル御民《みたみ》の道ぞ」**（『上つ巻』第18帖）

と出てきますし、「スメラ」という言葉が何ヵ所かに見られます。これについての解説をし出すと大変長くなりますので、興味のある方は拙著『ミロクの暗号』（徳間書店）をお読み頂ければ幸いです。

ともかく、戦前の日本に、神社の宮司であってもこのように大胆な、しかも古代史の真相に鋭く迫る学術的論稿を書く人がいたわけです。それ自体も驚きですが、その論稿が本の形で出版されるという自由な空気が、当時の日本の言論界にはあったということです。

戦後、左巻きの自虐史観が主流を占めるようになると、このような研究は一切、葬られてしまいました。日本の歴史などたいしたものではない、日本は戦争で悪いことをした犯罪国家だといって自分の国を蔑《さげす》む傾向が顕著になり、またそういう学者たちが日本のトップに幅を利かせるようになりました。今でもそうです。このため、日本国民は日本の歴史の真相を、何も知らないということになってしまっているのです。

## ◎人類6000年サイクルの終焉と新文明の始まり

本章では、日月神示からちょっと離れて、村山節先生の「800年文明周期説」、千賀一生さんの「ガイアの法則」、「伊勢神宮の予言」、三島敦雄氏の『天孫人種六千年史の研究』を概観しました。

こうした予測や予言、文献資料から何が見えてくるか。私なりの結論を述べます。

人類の歴史は周期的な興亡をずっと繰り返してきていますが、次は日本が世界の主役になるということは、もう間違いないのです。

それは、800年とか1600年に一度のスケールで来る波ではなく、今、シュメール文明から始まる人類6000年の歴史が、終わりを告げようとしているということです。

これまでの6000年、あるいは6400年の歴史は、〝男性〟原理が主体の歴史でありました。男性原理が主体の世では、ピラミッド構造をなす支配型の社会になります。強い者と弱い者の差が顕著にあらわれ、他人を蹴落としてでも這い上がろうとする競争社会が実現します。

そしてこれから始まる新しい波は、フラットな構造の、上も下もない、対等な関係の社会になります。そんな地球社会の中心には「〻」という核があり、〻を中心として皆がまとまるのです。この〻にあたるのが日本であり、天皇陛下（てんし様）ということです。

これは女性原理が強く打ち出される世の中ですが、けっして女性原理が男性原理より優位に立つというものではなく、男性原理と女性原理が融合する、バランスの取れた理想的な社会になると予測します。つまり、イザナギ（男性原理）とイザナミ（女性原理）の結びです。これが「ミロクの世」と表現されるものです。

日月神示に示されているのは、もうすぐそういう世の中に転換するから、準備するようにというアドバイスであり、警告です。

なぜなら、日本人自身がそのことに早く目覚めて準備しないと、この男性原理主体のピラミッド型社会から、男性原理と女性原理の融合したフラットな社会に移行する段階で、大きな混乱と崩壊が伴うことになるからです。

この移行プロセスをよりスムーズなものにするには、まず日本人がそのことに気づき、自分の意識を改めるしかないのです。

# 第3章　天変地異と自然災害

## ◎人類に降りかかる「二度とない試練」

前章では、日本人にとっては心が勇むような、希望に満ちた話をさせて頂きました。しかし、次の文明の中心が日本に来るといっても、そう簡単にはいかないようです。これまで主流だった秩序や価値観が崩壊し、すべて新しいものに生まれ変わるわけですから、その移行期間には必ずカオス（混沌）状態になります。

同時に、天変地異や異常気象の頻度も増えてくるようになります。不思議なことですが、人類社会が荒れると天変地異も増えるような、相関関係があるようです。あるいは逆に、そうした地球の変動期に入っているから、人心が荒れるのかもしれません。

いずれにせよ、移行期の100年間は、「世界動乱」と「民族移動」を伴う激変期にあたります。それは、可能な限りさかのぼることができる人類6000年の歴史において、一度の例外もないということです。

今回の激変期には、ここに大きな天変地異が加わる可能性があります。本章ではこのことについて詳しく述べていきたいと思いますが、ここだけを読むとかなり暗い気持ちになってしまうかもしれないので、どうかめげずに、最後までお読み頂ければと思います。

さて、日月神示には、前章でも述べたように、『上つ巻』の第1帖から、

**「いま一苦労あるが、この苦労は身魂《みたま》をみがいておらぬと越せぬ、この世始まって二度とない苦労である」**

と出てきますが、この言葉に、日月神示が降ろされた目的が集約されています。

この世が始まってから二度とない苦労を乗り越えるには、「身魂が磨けている」ことが条件なのです。そのために、神は様々な試練を人類に与えます。当然、巨大地震、火山噴火などの天変地異も増えていくことでしょう。

大変動のクライマックスにおいて現出するかもしれない出来事の記述は、想像を絶するような、悲惨極まる地獄絵です。次にいくつか挙げてみます。

**「地震、雷、火の雨降らして大洗濯するぞ。よほどシッカリせねば生きて行けんぞ」**（『上つ巻』第39帖）

**「今に臣民何も言えなくなるのざぞ、神は烈しくなるのざぞ、目あけてはおれんことになるのざぞ。四《よ》ツン這《ば》いになりて這いまわらなならんことになるのざぞ、ノタウチまわらな**

ならんのざぞ、土にもぐらなならんのざぞ、水くぐらなならんのざぞ。臣民可哀そうなれど、こうせねば鍛えられんのざぞ、この世始まってから二度とない苦労ざが、我慢してやり通してくれよ」（『天つ巻』第25帖）

「火と水の災難がどんなに恐ろしいか、今度は大なり小なり知らさなならんことになりたぞ。一時は天も地も一つにまぜまぜにするのざから、人一人も生きてはおられんのざぞ、それが済んでから、身魂磨けた臣民ばかり、神が拾い上げてミロクの世の臣民とするのぞ」（『富士の巻』第19帖）

こうした過酷な描写が現実のものとなるのかどうかは、わかりませんし、神示には、いつ、どこに、どんなスケールの天変地異が起きるのかといった具体的な予言はいっさい書かれていません。

その言葉に表れた表面的な部分で右往左往するのではなく、言葉の裏に秘められた神意を覚ることの方が、より重要なのではないかと思います。

## ◎地球は温暖化ではなく寒冷化している

気候について、神示には、

**「暑さ寒さ、みなやわらかくなるぞ、ミロクの世となるぞ。慌てずに急いでくれよ」**（『天つ巻』第27帖）

とあります。猛暑や極寒といった異常気温はなくなり、穏やかな気候になるということですが、これはあくまで「ミロクの世」になってからの話です。

地球温暖化について触れていると思われる記述は見当たりませんが、こういう神示はあります。

**「天の異変気つけと申してあろうが、冬の次が春とは限らんと申してあろうが。夏、雪降ることもあるのざぞ」**（『夜明けの巻』第3帖）

あきらかに天候不順のことを示したものですが、夏に雪が降るとしたら、それは温暖化というより寒冷化ではないかと思います。

実際、夏のオーストラリア南部のタスマニア州では、40℃を記録した数日後に雪が降ったそうですし、ルーマニアでも「8月に雪が降る」事態が起きています。

夏ではありませんが、サハラ砂漠でも「メートル単位」となる史上最大の積雪があり、サウジアラビアでも雪が降り続くという異常気象に見舞われています。

すでに海外では、夏に雪が降っているのです。日本もいつか近いうちに、真夏にもかかわらず雪が降るということが起きてもおかしくはありません。

今、気象学者たちの間では「地球は温暖化している」という説が有力ですが、これに懐疑的な立場を示す学者たちも多くいます。彼らはむしろ「地球は寒冷化している」とか「小氷河期に入ろうとしている」という意見のようです。

私も以前は温暖化説を信じていましたが、十数年前、「闇の勢力」の情報に詳しいある方に会っていろいろとお話を伺った際、地球温暖化のことが話題にのぼりました。

彼は、地球温暖化は嘘で、実際は寒冷化に向かっていること、また「二酸化炭素主犯説」は誤りだと語りました。次の質疑応答が、その時のだいたいの会話内容です。

Q：地球温暖化が進んでいるのは、一般的に二酸化炭素などの温室効果ガスの増加が原因とされているが。

A：それは間違いだ。二酸化炭素が原因なら、まず大気中の二酸化炭素濃度が上がってから気温の上昇が起こるはずであり、気温の上昇が先に来るのはそもそもおかしい。

現在の地球の温暖化現象は、太陽の黒点活動が活発になっていることが本当の原因であり、二酸化炭素の排出とは関係がない。

Q：それをアメリカは知っているため、京都議定書に批准しない？

A：もちろんそうだ。今は温暖化と言って騒いでいるが、これから逆に冷えてくることは間違いない。氷河期が来る前に一度温かくなる。

Q：しかし、二酸化炭素が増加していることは科学的データからも疑いようもない事実なのではないか。

A：二酸化炭素が増えているのは、太陽の黒点活動の影響で海水が温まるのが一番大きな要因だ。海が温かくなると、膨大な二酸化炭素が海水から大気に放出される。逆に冷えるとまた海に吸収される。ドライアイスと同じ原理だ。

これを契機に、私も地球寒冷化についていろいろ調べ始めました。

その結果、「地球温暖化説」は一種のプロパガンダであること、そして真実は、地球は寒冷化しつつあるということを知ったのです。

もっとも、局所的には温暖化しているように見える部分もあると思います。しかし全体的に見れば、世界の気候は寒冷化の方向に行っています。

これについてはネットで調べて頂くだけでも膨大なサイトが出てくると思います。たしかに温暖化についても有力な根拠はありますが、じつは専門家でさえ意見がまとまっていないのが実状なのです。

私の発行している月刊『玉響』で長期連載して頂いている「In Deep」のオカさんは、同名のブログで、激変する地球の気候の実態を、日本では報道されない海外ニュースを中心にずっと追いかけています。そしてその結論は、「地球は寒冷化している」ということです。それはたとえば、2018年4月26日にアップされた、

〈いよいよ本格的に始まった「地球寒冷化」：この2年間の地球が過去1世紀で最大の寒冷化を記録していたにも関わらず「メジャーメディアはそれを黙殺し続ける」と米保守系ニュースサイトが報じる〉

というブログ記事を読むだけでも参考になります。興味のある方はぜひご自身でチェックしてみてください。

また、トランプ大統領は、実業家時代の２０１２年11月7日、ツイッターで「地球温暖化という概念は、もともとアメリカ製造業の競争力をそぐために中国によって中国のために作り出されたものだ」と書いていますし、大統領に就任してからも一貫して温暖化説を否定し続けています。そして米国は２０１７年6月1日に、地球温暖化対策の国際的枠組みである「パリ協定」から離脱すると発表、温暖化支持派からは猛烈な批判を浴びることとなりました。

中国によるデッチ上げが本当かどうかは知りませんが、世界支配層（闇の勢力）の操り人形ではないトランプ氏だからこそ、明言できたことなのではないかと思います。

## ◎世界規模の食糧危機が起こる

地球がもし温暖化しているなら、まだいいのです。

青森県青森市の三内丸山遺跡は、皆さんご存じであろうと思います。縄文時代前期〜中期（約5500年前～4000年前）に栄えた集落遺跡です。私も何度か訪れたことがありますが、1500年間にもわたってこのように大規模な共同体が営まれていたことに圧倒されます。

この時代は，現在に比べて2℃ほど温暖な気候だったため、ドングリやクリなどの木の実もたくさん採れ、食料も豊富だったとみられています。

今より2℃上がったとしても、その影響で生態系に多少の変化が生じたりするかもしれませんが、北の方に住んでも食べ物が豊富に確保できるのなら、問題はないのです。

怖いのは温暖化ではなく、寒冷化した場合です。地球の平均気温が下がると、ところによっては作物が育たなくなり、人々に食べ物が十分に行き渡らなくなれば、一気に食糧危機が訪れます。

日月神示には、「大食糧危機が訪れる」とした警告も出されています。

**「食べ物がなくなっても死にはせぬ、ほんのしばらくぞ。木の根でも食うておれ。闇のあとには夜明け来る。神は見通しざから、心配するな」**（『上つ巻』第2帖）
**「一日ひと握りの米に泣く時あるぞ、着る物も泣くことあるぞ、いくら買溜めしても神**

の許さん物一つも身には付かんぞ、着ても着ても、食うても食うても何もならん餓鬼の世ざ。早う神心に還りてくれよ」（同　第25帖）

「神は気《け》もない時から知らしておくから、この神示よく読んでおれよ。ひと握りの米に泣くことあると知らしてあろがな、米ばかりでないぞ、何もかも、臣民もなくなるところまで行かねばならんのぞ、臣民ばかりでないぞ、神々様さえ今度は無くなる方あるぞ。臣民というものは目の先ばかりより見えんから、呑気なものであるが、いざとなりての改心は間に合わんから、くどう気つけてあるのぞ」（『富士の巻』第20帖）

「米があると申して油断するでないぞ、いったんは天地へ引き上げぞ」（『天つ巻』第17帖）

「一本の草でも干して蓄えておけよと申してあろがな」（『水の巻』第3帖）

「日本の国に食べ物無くなってしまうぞ。世界中に食べ物無くなってしまうぞ。何も人民の心からぞ」（『風の巻』第11帖）

現代の日本人は、戦時中にひもじい思いをしたことも忘れ、飽食に明け暮れています。食べ物は市場にあふれており、無駄に捨てられています。フードロス（食品ロス）の問題を何とかしようという取り組みもありますが、なかなかうまくいかないようです。

また、日本は依然として食料を海外に依存しています。計算法によってある程度の違いがあるようですが、カロリーベースで約４割しか自給できていない状況です。主食の米は今のところ１００％自給ですが、大豆に至っては４％くらい。つまり、日本人の食生活には欠かせない豆腐、納豆、味噌、醤油などのほとんどが輸入に頼っているのです。

食料の自給率を上げるのは、一昼一夜にしてできるものではなく、長い年月の努力が必要です。この問題についてはかなり以前から指摘されていて、私も著書の中で対応策も含めて詳述しましたが（『ミロクの経済学』〔ヒカルランド〕）、数値上はわずかに改善されたものの、全体的にはほとんど変わっていないと言っていいと思います。

昨年は異常気象による災害が多く、収穫前の作物がダメになってしまったり、野菜の価格が高騰したりしました。これからさらに豪雨、長雨、干ばつ、台風などが立て続けにやってくると、国内の収穫量が激減する可能性もあります。それなら輸入を増やせばいいと言いますが、日本がそういう状況なら外国でも異常気象は起きているでしょうから、そうなれば自国民を優先するに決まっています。加えて戦争などの要因でシーレーンが遮断された場合は、輸入が完全にストップすることも考えられるのです（これはエネルギーの自給に関しても同じです）。

それが突然に起きたとしたら、現代の日本人は耐えられるでしょうか。

## ◎ゲルマン民族の大移動を引き起こしたもの

現在は、西の文明の没落するトレンドと東の文明が興隆するトレンドがクロスする移行期に遭遇していることはすでに述べました。

過去の歴史を見てみると、このクロス期には必ず世界動乱と民族移動が起きています。

前出の村山先生によれば、この時期に何が起こるのかということは、1600年前に起きたことを見ればだいたい予想がつくと言います。この時の文明興亡のパターンも、西の文明が没落し、東の文明が興隆していく時で、今回のパターンと同じになるからです。

1600年前の交代期は、西暦400年から500年にあたるところ、実際には西暦375年の「フン族の移動」に端を発しているということでした。これがきっかけで、欧州から北アフリカに及ぶ「ゲルマン民族の大移動」が起きたのです。

ところで皆さんは、この「フン族」がどんな民族だったか、ご存じですか？

その出自については実際のところはよくわかっていないそうですが、彼らの容貌や風俗については、ヨルダネス（6世紀頃のビザンチンの歴史家）が記した文献に記録されています。

ウィキペディアにもその描写がありますので、参考までに引用してみましょう。

「まず沼に囲まれた所に住みついた、取るに足らない、汚らしい、貧弱な種族である。人間の一種族のようでもあるが、その話す言葉については、人間の言葉との類似が認められるということしか知られていない」（ヨルダネス『ゴート人の起源と行為』24章122節）「彼ら〔フン族〕は或いは戦闘において少しも優勢でないと見えても、彼らの凄《すさ》まじい顔付きがとてつもない恐怖を引き起こし、相手を恐ろしさのあまり逃げ出させた。浅黒い見た目が恐ろしかったのである。それは、いわば形を成していない塊《かたまり》のようなものであり、顔ではない。そこにあるのは、眼というより点のような穴である。彼らの気性の剛胆さは、その酷薄な外見に表れている。彼らは、自分の子に対しても狂暴になる。子が生まれたその日に、彼らは男子の頬を鉄剣で切開するのである。母乳の滋養を受ける前に、傷に耐えることを否応《いやおう》なく体験するためである。このゆえに、彼らは髭《ひげ》が無いまま年老いていき、若者たちは見栄えが良くない。鉄剣で顔面に刻まれた傷痕が、年齢にふさわしい髭の魅力を無駄にしてしまうからである。彼らはまったく粗末な姿形をしているが、身のこなしが軽快で、乗馬への意気込み鋭く、肩幅が広く、弓矢に熟練しており、頑丈な首をし、誇りをもって常に堂々としている。この者たちは、確かに人間の形をしてはいるが、野獣の獰《どう》猛《もう》さをもって生きている」（同、24章127－128節）

こんな人たちが、恐ろしい形相で、雄叫《おたけ》びを上げながら大挙して押し寄せてきたら、もう逃げるしかありません。もし捕まったら間違いなく、皆殺しにされてしまいます。

このようにして玉突きのように始まったのが、ゲルマン民族の大移動なのです。

ではどうして、フン族は移動を開始したのでしょうか。そのきっかけは何だったのか。

## ◎民族移動の主な要因は、気候変動

フン族が移動を開始した理由。それはおそらく、急激な気候変動により食べ物がなくなったからではないかと思われます。

急に寒くなったとか、雨が降らない期間が長く続いたりしたことで、食料となる動物たちがいなくなったり、飲み水にも事欠くようになり、生きるために、他民族の住む土地へと移動を始めたのです。

移動といっても、「助けてください」と懇願するのではなく、殺戮《さつりく》・略奪をしながら進んでいくわけです。これが民族移動の本質なのです。

村山節先生の講演をまとめた『波動進化する世界文明』（博進堂文庫）には、このことがわかりやすく説明されています。村山先生のお話をそのまま、次に引用します。

「それでは新しいヨーロッパ、アメリカ文明の大崩壊はいつ頃起こるのかと申しますと、だいたい二〇〇〇年を越えてからかなりはっきりしてまいります。一九七五年から二〇七五年ですから、西暦二〇三〇年から五〇年くらいには最悪期、あそこの国も滅んだとか、あそこの国も白骨の草原だとか、あっちのところもう焼き払われたとか、そういうことになりかねません。では、ここで民族移動は誰がやるんだと言うと、これもうはっきりしています。一六〇〇年サイクルですから、一六〇〇年前を見ればいいんです。つまりゲルマン民族移動のところのサイクルの誰がどこから出発し、どこに向かったか、それを見ればいいわけです。これは、フン族のいたところには現在ロシア民族がおります。ウラルの西側でございます。ロシア民族の大移動が東ヨーロッパ民族の大移動を誘って、ゲルマン民族の上に襲いかかり、ゲルマン人がついにアルプスを越え、ダニューブ（ドナウ川）を越え、ライン（川）を越えて、南ヨーロッパに乱入する。こういうことになるかと思います。これは、英雄が立ち上がって、このような現象が起こるというような、大学が教えているおとぎ話ではないので、地球の大気候激変期であります。普通ならば小さく動いている気候周期が、突然この大地震のように狂うわけであります。例えば、5、6年雨が降って、いい天気が続いて、耕作が栄えて、子どもが生まれて、まあ極楽のような世界が来たなあと言っているところで、5、6年1滴も雨が降らない。もうそうなると食べ物が全部なくなるわけで、もはや仕方がないと男子全部を徴兵してこれを先頭に立て、女子どもが鍋かまをひっさげて後ろに従い、その後ろに老人が従って、全民族をあげて強盗になってひっこしていく。これが民族移動の本質であります」（22頁〜23頁）

フン族だけが恐ろしいのではなくて、ゲルマン人とて似たようなものです。当時の民族移動はこういうものなんだそうです。

「あそこの国も白骨の草原だとか、あっちのところももう焼き払われたとか……」とありますが、これは日月神示にも、

**「行けども行けども白骨ばかりと申してあろうがな」**（『雨の巻』第9帖）

**「行けども行けども草ぼうぼう、どこから何が飛び出すか、秋の空グレンと変わるぞ」**（『水の巻』第14帖）

と記されています。

「変わりやすきは女心（男心）と秋の空」と言いますが、最近は穏やかだなあと思っていた気候が、ある日突然、グレンとひっくり返る。そして「5、6年1滴も雨が降らない」ようなことになったら、もうすべての作物は枯れ果てますし、家畜も生きてはいけません。気候の大激変がやってくることで、民族移動は誘発されるのです。

## ◎中国の体制崩壊と環境悪化で20億の民が動く?

現在の難民問題が大きくクローズアップされたのは、2015年です。

2011年から始まったシリア内戦が激化したことが主な要因となっていますが、地中

海やヨーロッパ南東部を経由してＥＵへ向かった難民・移民は１００万人を超え、大変な社会問題となりました。これが２０１５年欧州移民危機（European migrant crisis）もしくは欧州難民危機（European refugee crisis）と呼ばれるものです。

ただ、村山先生の言葉を借りる形で述べた民族移動の本質とは、こんな程度のものではなく、もっとすさまじいものです。

村山先生は、フン族のいたところ、つまりウラル山脈の西側には現在ロシア民族がいるので、ロシア民族の大移動が東ヨーロッパ民族の大移動を誘うことになると述べておられますが、はたして今回もそうなるのでしょうか。

シリアという国は、ウラルからすれば相当南に離れた中東に位置しますので、「ウラルの西」という表現には該当しないように思われるのですが、経度から言えば、たしかにウラルから見れば西側になります。

シリア難民など、まだまだ民族大移動と呼ぶにはスケールが小さいものがありますが、端緒を開いたのはシリア難民だったと、後世の歴史家は言うかもしれません。

では、今回のクロス期において、民族大移動の本体となる民族とは、どこの国の人々でしょうか。

これについてはまだはっきりとしたことは言えませんが、私は中国人民ではないかと思っています。

中国の最新人口統計データによると、2018年度の中国総人口数は約14億人になったということですが、そもそも中国の統計データなど、当てになるものではありません。私が聞いたところでは、実際はその倍くらいの人口がいるそうです。大都市の地下通路みたいなところに住んでいる人々などは、カウントしていないからです。

仮に少なく見積もったとしても、20億くらいの人口はいるのではないでしょうか。そんな数の人たちがいったいどうやって「食えて」いるのかわかりませんが、もしこれから天候不順が続いて作物の収穫量が一気に激減したり、干ばつにより飲料に適した水がなくなったり、パンデミックが流行ったりしたら、どうなるでしょうか。生き延びるために、都市を捨て、故郷を捨ててでも、移動するのではないでしょうか。

また中国では、環境汚染が深刻な問題となっています。これはテレビなどでも報道されたりしていますので、ご存じの方も多いと思いますが、大気汚染、水質汚染、土壌汚染、どれも本当にひどいものです。食糧危機が来なくても、環境汚染により人が住めなくなることだって考えられます。

さらに、経済の問題があります。中国経済はもうすぐ崩壊すると言われてもなかなか崩壊しないので、まだまだ中国はこれからだと思っている人もいるようですが、信頼できる複数の情報筋からすると、ほぼ共通して言っているのは、中国経済は持ってあと2、3年ぐらいだということです。おそらく2020年の東京オリンピックの後には、中国経済の崩壊は顕著になってくるのではないかと思われます。

経済の崩壊と同時に来るのは共産党一党独裁体制の終焉《しゅうえん》であり、代わって台頭してくるのが軍閥です。中国は内乱状態になり、分裂するかもしれません。これが、民族移動に拍車をかけるのではないかと思われます。

14億とも20億とも言われる人民が一気に移動するとなると、海路を取るのは難しいですから、やはり陸路を西か南、あるいは北に向かうことでしょう。それでも、その一部は船に乗って日本にやってくるかもしれません。

14億の100分の1としても、1400万人です。こんな数の中国人が日本に流れ込んできたら、それだけで日本はもう終わりです。

朝鮮半島にも大挙して流れ込んでくるでしょうから、それこそ玉突きのように南北朝鮮に住む人たちも日本に逃れてくるかもしれません。

すでに日本でも難民・移民が問題になりつつありますが、こうした非常事態が起きた時に日本としてはどうするのか、今からしっかりと対策を立てておく必要があります。

この問題については、月刊『玉響』の連載執筆陣のお一人である、元警視庁刑事通訳捜査員の坂東忠信先生が何冊も著書を出していらっしゃいますので、ぜひそちらをお読み頂ければ幸いです。

## ◎迫りくる巨大地震

日本に大陸からの難民が大挙して流入してくるというシナリオも考えられなくもないですが、もしそうなった場合でも、日本に来れば安全かというと、そうとも言えません。むしろ日本の方が危険な状況になっていることもあり得ます。

それは今後、日本列島は巨大地震の連鎖と火山噴火に襲われる可能性が高いからです。

2011年3月11日に発生した東北地方太平洋沖地震（東日本大震災）以降、日本は巨大地震の活動期に入ったということは専門家からも指摘されています。

南海トラフで発生すると予測される巨大地震は、東海、東南海、南海の震源域が、数時間から数年の期間をおいて、あるいは時間を置かず同時に、連動して起きることが知られています。その周期は約90～150年（中世以前の発生記録では200年以上）と言われており、いつ起きてもおかしくないという差し迫った状況です。

南海トラフのように近い将来に必ず起きると言われているところは、それなりに研究されており、ある程度の対策が行われていますが、日本列島全体が火山帯のため、どこで地震が起きても不思議ではありません。

平成の時代に入ってから、兵庫県南部地震（阪神・淡路大震災）、新潟県中越地震、東北地方太平洋沖地震、熊本地震、北海道胆振《いぶり》東部地震と、震度7クラスの地震が起きています。そしてそのサイクルも、早まっているように思われます。

2018年6月18日には、地震がもともと少ないと言われていた大阪でも大きな地震がありました。大阪府北部地震で、最大震度は6弱でした。

近畿、北陸、東北、九州、北海道では、震度7の巨大地震が発生しているのですが、いつ起きてもおかしくないとされている関東直下と南海トラフは、不気味な沈黙を保ったままです。しかし順番から言っても、次にはこれらの地域を震源とした巨大地震が起こる可能性が高いと思った方がいいと思います。

最も懸念される太平洋側のエリアでまだ発生していないのは、この地域で巨大地震が発生すれば、間違いなく日本全体に甚大なる被害をもたらすことになるからでしょう。神の側からすれば、耐えに耐えている間に、改心してほしいということなのかもしれません。

ところで、昨年9月6日に発生した北海道胆振地方を震源とする地震は、震度7でしたが、この胆振地方での地震など、まったくノーマークどころか、地震研究のエキスパートたちで構成される「地震本部」が、この断層帯での発生確率を「30年以内に、ほぼ0％」と算出していたのにもかかわらず、起きてしまったのです。

この点について、In Deepさんの記事（月刊『玉響』2018年11月号）から引用してみましょう。

「この地震本部というのは、1995年1月に発生した阪神・淡路大震災の後に設けられたもので、政府として一元的に地震に対しての調査を推進するために作られた組織となります。

政府にこのような組織があることを知っているという人自体が少ないと思われるのですが、この地震本部の資料には、日本のほぼすべての場所に関しての、過去の地震の記録、存在する断層などが載せられており、そして、それぞれの断層の『将来の地震発生確率』

も計算されています。
その中には、先日、マグニチュード６・７の大地震が発生した北海道についての項目もありました。その中で、今回の北海道地震の震源となった場所に近い断層帯に関しての『今後30年の巨大地震発生確率』を見てみますと、『０％』となっていたのです。正確には、資料には以下のように記されていました。

《政府地震本部資料より》
○石狩低地東縁断層帯主部の将来の地震発生の可能性
地震の規模：Ｍ７・９程度
地震発生確率：30年以内に、ほぼ０％
平均活動間隔：１０００年～２０００年程度
今回の震源は、この石狩低地東縁断層帯に極めて近く、この断層が地震に関与した可能性がとても高いと言えます」

地震大国・日本における地震予知関連のデータ解析能力は世界でもトップクラスのはずですし、優秀な専門家もたくさんいらっしゃると思います。そんな専門家たちが「ほぼ０％」、つまり「まあ、絶対に起きませんよ」と結論づけた地域で、震度7の地震が起きてしまうのです。

要するに、こと地震予知に関しては、人類の叡智を結集させたところで、歯が立たないということです。

## ◎「五畿七道超巨大地震」は日本列島全体地震

産業技術総合研究所の寒川旭《さんがわあきら》・招聘研究員（地震考古学）の分析で、東日本大震災規模とされる平安時代の貞観《じょうがん》地震（869年）や関東直下型地震、南海・東南海・東海地震の三連動型とみられる仁和《にんな》地震（887年）など、9世紀に起きた一連の巨大地震が、阪神・淡路大震災（1995年）以降の地震の状況と酷似していることが明らかになっています。このことから、同研究員は近い将来に首都圏直下型や南海トラフでの三連動型地震が起きる可能性が高いとの見解を示し、「1000年に一度の巨大地震の世紀になるかもしれない」と警鐘を鳴らしています。

正村史朗著『巨大地震は予測できる』（実業之日本社、1977）によれば、三陸地方は、869年（貞観11年）の貞観三陸沖大地震（M8・6）の大津波以来、1100余年間にわたって大小様々の津波の被害を繰り返し受けているといいます。つまり、正村説によれば、今回起きた「３・11」を端緒とし、１１００〜１２００年周期におよぶ巨大地震の活動期に入ったことを示していると言えるのです。

注目すべきなのは、過去の記録を見ると、この貞観地震と相前後する形で、富士山の大噴火が起きていることです。貞観大噴火と呼ばれるもので、平安時代初期の８６４年（貞観６年）から８６６年（貞観８年）にかけて発生し、『日本三代実録』にも当時の模様が記録されています。この爆発の時に噴出した溶岩流が、北麓にあった広大な湖「剗《せ》の海」の大半を埋没させ、今日の西湖と精進湖を作りました。また大量の溶岩が冷えたところが針葉樹林の森になり、青木ヶ原樹海を形成しました

さらに、この貞観年間の富士山の大噴火の次に起こった大地震が、世界最大の巨大地震といわれる「仁和地震」、別名「五畿七道超巨大地震」です。その規模はM８・７とも、それ以上とも推定されています。

この巨大地震が起きたのは、８８７年（仁和３年）の８月26日のことでした。ちなみに「五畿七道」とは、現在の近畿地方中心部の５ケ国（大和《やまと》・山城《やましろ》・河内《かわち》・和泉《いずみ》・摂津《せっつ》）を指す五畿と、それ以外の地方を７つに分けた七道（東海道・東山道・北陸道・山陰道・山

陽道・南海道・西海道）のことであり、転じて「日本全国」の意味を持ちます。つまり「五畿七道地震」といえば「日本全国地震」という意味に等しいのです。

その名称にふさわしく、この超巨大地震が発生した時は、日本列島全域が烈しく揺れ動いたと言われます。

「この時は、フィリピン海プレートが全面的に大きくずり動き、そのプレートのもぐり込んだ最先端に位置する中央構造線の和泉～石鎚活断層のところが5～10メートルもずり動いたと推定される」（正村氏）

つまり、過去の歴史から見ると、２０１１年の東北地方太平洋沖地震の発生は、富士山の大噴火、五畿七道超巨大地震が近いうちに起こる可能性を示唆しているのです。

## ◎富士山の噴火はあっても壊滅的なものとはならない

今の富士山の年齢は比較的若く、火山の一生で言うと、青年期の山とされています。

現在の美しい山容は「新富士」と呼ばれるもので、約１万年前に形成されました。火山の生涯はだいたい10万年とも言われますので、人間の寿命を80歳としても、まだ８歳。青年というより、子供なのです。ということは、今は活動が収まっているように見えますが、ちょっと休んでいるだけで、また活発な噴火活動が再開される可能性も大いにあるのです（ただ、富士山の内部には古い火山体が埋まっていて、3重ないし4重構造をしていることがわかっており、その形成の歴史には不明な点も多いそうです）。

さて、日月神示は、「富士は晴れたり日本晴れ」という言葉で始まるように、「富士」は特別に重要な位置を占めています。「富士」という言葉だけでもたくさん出てきますし、噴火と関連したような記述も少なくありません。たとえば、次のような一節です。

**「富士は神の山ざ、いつ火を噴くかわからんぞ、神は噴かんつもりでも、いよいよとなれば噴かなならんことがあるから、それまでは離れた所へ祀りてくれよ、神は構わねど、臣民の肉体大切なから、肉体もなくてはならんから、そうして祀りてくれ」**（『上つ巻』第21帖）

**「富士の山動くまでにはどんなことも耐えねばならんぞ。上辛《つら》いぞ。どんなことあっても死に急ぐでないぞ」**（『日月の巻』第31帖）

このように、富士山はいずれ噴火するらしいけれども、その時期までは明示されていません。ただ、富士は神の山であり、霊的にも重要な「聖なる山」であって、富士山が動く(噴火する)場合は、そこに象徴的な意味があるようです。

つまり、次に富士山が大噴火する時は、地球の大禊《おおみそ》ぎ祓《はら》いが開始されたという合図であり、正神復権の号令であり、「ミロクの世」の到来を告げるものと言えるのです。

とはいえ、それはあくまで日月神示の観点から見た場合の解釈ですので、そこに込められた意味の話など、結局は信じるか信じないかという話になってしまいます。

実際のところ、富士山はいつ噴火してもおかしくない状況ではあります。

文献に残っている記録を追うと、富士山は、先ほど述べた貞観年間の大噴火と、江戸時代の宝永年間の2回にわたり、大規模な噴火を起こしています。

富士山の大噴火が今発生すれば、首都圏にも降灰があり、甚大な被害が出ることでしょう。東海道は寸断されるでしょうし、物資の輸送にもかなりの困難が伴うようになり、日本経済にとって深刻な打撃となることは間違いないと思います。

しかし、貞観大噴火の時も、それで日本が終わったわけではありません。宝永の大噴火の時も、江戸時代がそれで終了したとか、そんなこともありませんでした。

ですから、富士山が噴火したら、たしかに大変な災害にはなるでしょうけれども、日本全体が壊滅するわけではない、ということです。

火山噴火による災害として見るなら、規模としては、カルデラ火山の噴火の方がケタ違いに甚大です。いわゆる「破局噴火」というものです。

## ◎破局噴火が一つでも起きたら絶望的

破局噴火とは、近代国家が消滅し、人口が激減してしまうほど大規模な、爆発的噴火です。普通の火山噴火ですと、山頂や山腹から噴火するものですが、破局噴火の場合は、カルデラの窪地全体が吹っ飛んで、マグマを一気に噴き上げるというものです。

日本にもいくつかのカルデラ型火山がありますが、これが一たび噴火するとどんな事態が起きるのか、じつはハッキリとはわかっていません。というのも、カルデラ噴火はめったなことで起きるものではなく、有史以来の人類史の中では、一度も起きたことがないのです。日本での発生頻度は約６０００年に一度くらいと言われています。

日本で最後に起きた破局噴火は、約７３００年前の、九州の南の海底にある「鬼界カルデラ」が噴火を起こした時です。この大噴火で、九州南部の縄文文化は壊滅しました。

不気味なことに、この「鬼界カルデラ」が最近、活発になり始めています。

２０１６年11月18日、神戸大学海洋底探査センターは、「鬼界カルデラ」を調査した結果、熱くて濁った水が海底から湧《わ》き出る「熱水プルーム」を5カ所で確認したと発表しました。

またここ数年、鹿児島県屋久島町の口永良部島《くちのえらぶじま》の新岳の火山活動が活発になっていますが、「鬼界カルデラ」はこの口永良部島のすぐ北東の海底に位置します。これは「鬼界カルデラ」が動く前兆なのかどうか。カルデラ火山の噴火というのは、人類にとって未経験のことなので、専門家さえわからないのだそうですが、これだけは言えます。

鬼界カルデラの北縁にある硫黄島

20世紀に国内で起こったものの中でも最大級の規模と言われるのが、1914年の桜島の噴火と1929年の北海道駒ケ岳の噴火ですが、これらの大噴火の時の火山灰やマグマなどの噴出物の量は、東京ドーム250杯分。「鬼界カルデラ」が破局噴火を起こしたら、東京ドーム10万杯分にもなります。もはやケタが違うのです。今これが起きたら、日本はほぼ壊滅状態、文字通り破局を迎えることになるでしょう。

しかも日本には、過去の歴史において破局噴火を起こした火山がたくさん存在します。このうち一つでもまた爆発的噴火を起こしたら、もうどうしようもありませんし、またこれを防ぐ手立ては、何もありません。

世界に目を向ければ、はるかに規模の大きな〝スーパー火山〟もあります。

たとえば、米国のイエローストーン。間欠泉や温泉でも有名なイエローストーン国立公園は、北米大陸最大の火山地帯としても知られています。ここは約210万年前から64万年前までの間に3回に及ぶ「破局噴火」を起こし、巨大なカルデラを形成しました。

イエローストーンの〝スーパー火山〟は、死火山ではなく、活火山であり、約60万年周期で破局噴火を繰り返していると考えられているそうですので、周期的にはすでにいつまた噴火してもおかしくない状況です。

近年では異常現象も観測されており、様々な調査の結果、地下のマグマ溜《だ》まりは、ほぼイエローストーン国立公園の面積に等しいことが確認されています。これは四国の半分くらいに相当する途方もない大きさです。

もし、イエローストーンが大噴火を起こした場合は、半径100キロ圏内のものはすべて破壊され、火山灰の降灰被害は米国の半分に及び、同国の経済や農業、交通、社会インフラは壊滅状態になると予測されています。そのすさまじい影響は、北米大陸のみに留まるものではなく、地球全土に及ぶのです。

また、インドネシアのスマトラ島のトバ火山は、過去200万年で最大規模の破局噴火を起こした〝スーパー火山〟です。およそ7万4000年前、この火山が超巨大噴火を起こした時は、人類は絶滅寸前にまで追いやられました。

このような、破局噴火を起こすカルデラ火山が、いつ、どこでまた火を噴くのか、誰にもわかりません。明日かもしれないし、1000年後かもしれないし、1万年後かもしれない。だから考えたって仕方がないことなのですが、もしこれが起きたとしたら、「終わり」と思った方がいいと思います。

## ◎「どこに逃げても逃げ所ない」「どこにいても救う者は救う」

しかし、たとえ地球のどこかで破局噴火が起きたとしても、世界の人口は激減することになるでしょうが、滅亡することはありません。現在、世界の人口は74億人を超えていますが、1万年前の時代は、地球にはわずか100万人しかいませんでした。

最大規模の破局噴火が起きれば、現在の74億人から一気に1万人ぐらいまでに減ってしまうかもしれませんが、生き残った人類は、そこからまた立ち上がり、新しい文明を築いていくことでしょう。

日月神示には「破局噴火」らしきものが起こることは書いていないようですが、巨大地震やら巨大噴火やらの大天変地異が、折り重なって起きるらしいことは書いてあります。だから、どこへ逃げようが、逃げるところなどないというのです。

いずれにしろ、日月神示を降ろした「神」は、いつしか起きるであろう大天変地異を予測する側ではなく、「起こす側」にあるということです。そこには「起こす意図」というものがあるわけで、その神意を汲《く》み取ることが重要です。最初から自分だけは助かりたいという気持ちでは、むしろ真っ先に淘汰《とうた》されてしまうでしょう。

**「どこへ逃げても逃げ所ないと申してあろがな、高い所から水流れるように時に従いておれよ、いざという時には神が知らして、一時は天界へ釣り上げる臣民もあるのざぞ。人間の戦《いくさ》や獣の喧嘩くらいでは何も出来んぞ、くどう気つけておくぞ、何よりも改心が第一ぞ」**（『富士の巻』第19帖）

**「富士はいつ爆発するのぞ、どこへ逃げたら助かるのぞという心、我れ善し**（自己中心）**ぞ。どこにいても救う者は救うと申してあろが。悪き待つキは悪魔のキざぞ。結構が結構生むのざぞ」**（『水の巻』第11帖）

**「神なぞどうでもよいから、早く楽にしてくれと言う人沢山あるが、こんな人は、今度はみな灰にして、無くしてしまうから、その覚悟でおれよ」**（『上つ巻』第23帖）

厳しい神示ですが、結局、『上つ巻』第1帖の **「この苦労は身魂をみがいておらぬと越せぬ」** というところに帰結するのだろうと思います。

いつ起きるかわからない天変地異について心配するより、自分自身を見つめ、身魂を磨き、高めるようにすることの方が大切です。そのように生きる人は、そもそも自分が我先に助かろうとは思わないでしょうし、結果的に、どこで何をしていようが守られるということです。

神は日本中の至るところに〝花火〟が仕掛けてあるといいます。

**「国中いたるところ花火仕掛けしてあるのぞ。人間の心の中にも花火が仕掛けてあるぞ。いつその花火が破裂するか、わからんであろがな。掃除すれば何もかも見通しざぞ。花火破裂する時近づいて来たぞ」**（『日月の巻』第14帖）

この〝花火〟というのは、火山のことでしょうか。人間の心の中にも仕掛けてあるとはどういう意味なのでしょうか。

いつその花火が破裂するかということは誰にもわからないが、（身魂を）掃除すれば何もかも見通しになるというのです。

## ◎破壊と創造が同時にやってくる

本章を読むだけでは、何とも重たい気分になってしまうかもしれません。

1999年にも2012年にも人類滅亡のようなことは起きなかったけど、結局は破局が間近いんじゃないかと思われた方もいるのではないかと思います。

私も先のことはわかりませんが、日月神示には悲惨な未来展開ばかりが記されているわけではありません。大変なことはある程度起きるとしても、それを乗り越えた後に、想像もできないような、輝かしい、素晴らしい地球社会が待っているよ、と告げているのが日月神示です。むしろ、神示が本当に言いたいところはそこではないかと思うのです。

本当に良い世の中に変わっていくことを予想させる萌芽も、現実に生まれています。それは、テクノロジーの分野であったり、健康や医療の分野であったり、様々です。

いずれにせよ、次の世界文明は日本が中心になって花開くことは、もう決まっているのです。そのプロセスにおいて、これまで、少なくとも6000年の間、支配的だった旧文明は崩壊し、まったく新たな文明が生まれていく。

その「破壊」と「創造」は、同時にやってくるということが神示に記されています。

**「立て壊し**（破壊）、**立て直し**（創造）、**一度になるぞ、立て直しの世直し早うなるも知れんぞ、遅れるでないぞ。立て直し急ぐぞ、立て直しとは元の世に、神の世に返すことざぞ」**（『キの巻』第8帖）

この世を根本から、日月神示流に言うなら「グレンと」ひっくり返して、新しい理想社会「ミロクの世」に転換するには、それなりに大変なことも起こってきます。しかしあまりにその変動が激しいと、それこそ人類が滅亡してしまうことにもなりかねません。だからこそ神は、できるだけ穏やかに、スムーズに、次の時代への移行を進めたいという願いで苦労されているようです。

人類がその神心というか、親心を知って、素直になり、これまでの行いを改める時、地球規模のカタストロフィは回避され、楽にこの大峠を乗り越えることができるでしょう。

**「神の力がどんなにあるか、今度は一度は世界の臣民に見せてやらねば納まらんのざぞ、**

世界揺すぶりて知らせねばならんようになるなれど、少しでも弱く揺すりて済むようにしたいから、くどう気つけているのざぞ、ここまで世が迫りて来ているのぞ、まだ目醒めぬか、神はどうなっても知らんぞ、早く気付かぬと気の毒出来るぞ、その時になりては間に合わんぞ」(『天つ巻』第19帖)

「延ばせば延ばせば、人民まだまだ苦しいことになるぞ。延ばさねば助かる人民ないし、少しは神の心も察して下されよ、言うこときいて素直に致されよ、神たのむぞ」(『岩の巻』第6帖)

「楽し楽しで大峠越せるぞ、神は無理申さん、やればやれる時ぞ、ヘタをすると世界は泥の海、神々様も人民様も心の目開いて下されよ、新しき太陽は昇っているでないか」(『五葉之巻』第12帖)

# 第4章　世界の「裏の権力者」と天皇家の真実

## ◎世界支配層は力を失っている？

初作『日月神示』の刊行から30年近くが経とうとしています。それからは日月神示をベースとして様々なテーマの作品を書いて参りましたが、こういう仕事に携わっていると、いろいろな分野の人と接触することがあり、また、世にはまったく知られていないような「裏の情報」に接する機会があります。

普段なら、まず出会うことのないような特殊な筋の人と知り合いになり、直接お話を伺うこともあります。

そうした中で得た情報や知識は、本や記事に書ける部分もありますが、すでに書籍やネットでも少し出回っている内容だったりします。そうした二次情報や三次情報ならともかく、一次情報となりますと、書きたくても書けない内容が多いですし、たいていは裏が取れないような話のため、公表は差し控えるという場合も出てきます。

日月神示では、「イシヤ」という言葉で、世界を裏から支配する権力者の存在をほのめかしています。

イシヤとは「石屋」であり、自由石工業者を起源とする国際組織「フリーメーソン」を指しているものと思いますが、あくまでこれは象徴的な表現であって、特別に「フリーメーソン」を名指ししているわけではありません。

このような話は、社会の主流を成す「常識人」からは、一種の「陰謀論」として片づけられてしまいがちで、本気で信じようものなら、その人は知性も教養もない、歪《ゆが》んだ思想の持ち主で、常軌を逸しているとみなされてしまいがちです。

しかし、考えてみれば、人間の歴史というのはいつも謀略の連続で成り立ってきました。それは今の世界とて同じです。いったいどこの誰が、米国やロシアや中国の各政府が発表することを、そのまま真実だと受け入れるでしょうか？　もしそういう人が、それこそ社会の上層部にいるとしたら、それこそ無知蒙昧《むちもうまい》の極みと言えるでしょう。

「陰謀論」という言葉が好きでも嫌いでも、表の世界があれば裏の世界があるというのは当たり前のことですし、それが真実です。

それでは、裏の世界の権力者たちというのは、いったいどういう人たちなのか、どういうことを計画しているのかというのは、誰でも知りたいところでしょうし、書籍でもネットでも膨大な情報が飛び交い、かえって真実がわからなくなっています。

本章では、この「闇の権力者」と天皇家について、許される範囲でお話ししていこうと思いますが、当然、私もそのすべてを知っているわけではありませんし、私の情報が正しいという保証はないことを、まずご承知おき頂きたいと思います。

まず、「闇の権力者」と一口に言っても、それは便宜上、何と言ったらよいかわからないのでそう言っているだけで、フリーメーソンとかイルミナティとか、三百人委員会とか、CFR（外交問題評議会）とかTC（日米欧三極委員会）とか、そういった一つの組織を指すものではありません。

世界の一極支配を企てる陰謀組織の親玉のような存在があるわけではなく、それに類するものはいくつもあって、互いに協力したり牽制《けんせい》したりしながら、それぞれの思惑の方向に人類を誘導しようとしているように思われます。

## ◎世界最古のアジア系財閥と「オーナー」のこと

「闇の権力者」というと、白人が主体として構成される組織というイメージが強いかもしれません。もちろん、そういう組織も存在するとは思いますし、権力者とはどういう権力を握る人たちを指すのかにもよると思いますが、こうした情報の中で、私が最も驚いたことの一つは、実際に、最も歴史が古く、世界のあらゆる組織の中でも上位か、最上位に位置しているのは、アジア系の財閥だということです。フリーメーソンとかイルミナティなどは、そこから派生した組織であるというのが彼らの主張です。

私はこの財閥のトップにあたる方々を「奥の院」と仮称し、拙著『日月神示　覚醒と実践』（徳間書店）の中で、私の知り得たエピソードの一端を紹介しました。その詳細については、そちらの本に譲りたいと思います。

また、「オーナー」と呼ばれる、謎の人物についても同著の中で触れました。ロスチャイルド家の実質的なトップは、日本人とロスチャイルド家の女性との間に生まれたハーフの男性で、その方が米ロックフェラー家やその他の「闇の権力者」よりさらに上の「世界最高権威」に君臨する方であり、「オーナー」と呼ばれているという話です。

これは、そういう噂を間接的に耳にしたということではなく、「オーナー」と何度も会っていた方から直接聴かされたことです。どこかの本や文献に書かれていることではありません。ロスチャイルド家と日本人との間に生まれた猪島リツという女性から、会うたびに話に出たのが「オーナー」のことでした。

その話の真偽については、私にも判断がつきません。しかしすべてが作り話とも思えませんでした。こうした「闇の勢力」関連の一次情報というのは、裏を取ろうにも取れない場合がほとんどですので、そのまま鵜呑《うの》みにするわけにはいきませんが、まったく別のルートから同様の話を聴かされると、「これはもしかすると本当なのかもしれない」ということになります。

「最も歴史が古く、世界のあらゆる組織の中でも上位か、最上位に位置しているアジア系の財閥」の最高位にある御方というのが、どうもこの「オーナー」と同人物らしいのです。「らしい」ということは、細かい部分で違うところがあるかもしれませんが、だいたいにおいて、間違ってはいないだろうということです。

ただ、「オーナー」はご存命であるとしても、もう110歳を超えているはずです。数年前に亡くなったという情報もあります。裏の世界のトップに君臨していたとしても、もうその力はないか、かなり衰えているのではないでしょうか。

先ほども述べたように、世界の裏の権力者というのは、けっして一枚岩ではなく、組織的にもいろいろあるようです。「組織」という言葉を使うことが正しいかどうかもわかりません。

たとえば、フリーメーソンという団体は実在しますし、ホームページまでありますが、イルミナティという組織については、創始者のアダム・ヴァイスハウプトの時代に弾圧され、消滅したと言われており、実体のある組織としては存在しないことになっています。

にもかかわらず、現在もイルミナティは地下で存在しているという噂があります。私はそのメンバーリスト（と目されるもの）を見たことがありますが、その顔ぶれを見てもとくにあやしげな人たちではなく、元大統領とか、政府高官とか、企業のCEOとか、各国の社会においてトップクラスの地位にある人たちばかりでしたし（日本人はほとんどいないようでした）、彼らが自分たちをイルミナティだと自覚しているのかさえ不明です。

## ◎欧州王室連合と天皇家

一方、最近では、ヨーロッパに「欧州王室連合」とか「王家連合」というものが存在するとも言われています。

これについては、私も「存在する」と聞いており、そのように承知しています。

ただ、彼らの素性については、私にもよくわかりません。

欧州王室連合が誕生したきっかけは、ナポレオンが王室を次々と打倒していったことから、王族どうしが地下で連帯を組んだことが始まりと聞いています。つまり、ナポレオンのせいで生まれたのが欧州王室連合というわけです。

ヨーロッパは歴史的に戦禍にまみれた経緯があり、ナポレオンに限らず、ある国がある国を征服すると、その国の宝をすべて奪い取って自分のものにしてしまいます。さらにその国が滅びた時には、また取られてしまう。長い歴史の中で、いったいこの宝が誰に帰属するものか、わけがわからなくなっているので、それを裁定するために設立されたのが、オランダのハーグにある国際司法裁判所だということです。

古代からヨーロッパには様々な密儀宗教があり、そこから派生した秘密結社がありました。現在でもなお、ヨーロッパは秘密結社だらけで、数百の組織が存在し、大きな組織の下にいくつもの小さな組織がある、という状況なのだそうです。

その最大勢力の一つが、「ローマ帝国」です。ローマ帝国も、まだ存在するのです。

江戸末期、欧州王室連合は日本を取り込もうと画策し、明治維新によって日本は彼らの仲間入りを果たしました。

明治天皇から、天皇は西洋の皇帝のように、洋装するようになりました。その正装につける勲章は、誰からもらうのか。あの勲章は「ガーター勲章」と呼ばれるもので、表向きにはイギリス王室から授与されることになっていますが、格式としては国王（キング）より皇帝（エンペラー）の方が上なのに、おかしいとは思いませんか？　これはつまり、日本の天皇陛下に勲章を授ける組織があるということなのです。

ちなみに、昔はローマにもモンゴルにも中国にも「皇帝」がおりましたが、今日では、皇帝が存在する国は、世界でも日本だけです。もっとも、日本の天皇は皇帝ともまた違う、唯一無二のものですが、世界における権威のランクとしては、最高位の「皇帝」にあたります。

国王であれば、イギリス王室もありますし、ヨーロッパにも、中東にも、東南アジアや南太平洋にも王室はあります。裏の世界になると、もっといろいろな王室があるのだそうです。

とはいえ、日月神示には、

**「今度の戦済みたらてんし様が世界中治《しろ》しめして、外国には王はなくなるのざぞ」**（『天つ巻』第16帖）

**「神の目には外国も日本もないのざぞ。みなが神の国ぞ。七王《ななおう》も八王《やおう》も作らせんぞ、一つ**

**の王で治めさすぞ。てんし様が世界みそなわすのざぞ」**（『地つ巻』第15帖）

**「神国の王は天地の王ざぞ、外国《とつくに》の王は人の王ざぞ。人の王では長う続かんのぢゃ。外国にはまだまだ厳しいことバタバタに出て来るぞ、日本にもどんどん出て来るぞ。言わねばならんことあるぞ」**（『岩の巻』第11帖）

などとあり、やがて外国には王はいなくなって、一つの王（＝てんし様）が世界を治めるようになることが示されています。

そんな日本の天皇家ですが、長い歴史の中では、謀略、暗殺、闘争など、人間の醜い欲望が渦を巻いた、どろどろとした局面もありました。とくに明治以降は混乱の極みにあったと言えます。今後、日本が世界の中心になるにあたり、そうした天皇家の抱える闇の部分にも光を当て、清算しなければならない時節を迎えているように思われます。

## ◎孝明天皇は弑逆されたのか

江戸時代末期から明治への転換期、天皇と皇室が翻弄され、裏でいろいろなことが画策されたと言われています。孝明天皇弑逆《しいぎゃく》説と、明治天皇すり替え説です。

強固な攘夷論者であった孝明天皇が、幕末の激動期にタイミングよく「病死」したことは、何者かによって弑逆（殺害）されたか、やむを得ない事情で地下に潜ったことは間違いないと思われます。そして、南朝の末裔である大室寅之助《おおむろとらのすけ》が長州勢に担ぎ出され、睦仁《むつひと》親王にすり替えられたというのです。

この説は今日では大変有名で、あたかもそれが事実であるかのごとく流布しているようですが、この説は証明されたわけではなく、あくまで陰謀論の域を出ていません。

政治評論家の竹田恒泰氏と『玉響』で対談した際、明治天皇すり替え説についてもご見解を伺ってみました（当時は慶應大学大学院で非常勤講師として勤務されていたため、対談収録も慶應大の三田キャンパス内で行われました）が、氏の見解は、「自分はすり替え説が書かれているすべての本や資料を読んでみたが、どこにも〝証拠〟となるものは見つからなかった。証拠があればあったで、皇統譜を書き換えればいいだけの話なので、いずれにせよ問題はない。だが、確たる証拠が出てこない以上、この説を受け入れることはできない」ということでした。

私も竹田さんの意見に賛成です。この明治天皇すり替え説については、やたらと天皇の権威を貶《おとし》めたい輩が、鬼の首を取ったかのようにこの説を真実として扱い、騒いでいるようにも見え、この説を受け入れるには、もう少し検証が必要かと思われます。

天皇家というのは、とにかくお世継ぎを確保することが至上命題のため、明治帝まではお局《つぼね》さんが何人もいましたし、ご落胤も何人もいたようです。

また、どうしてもお世継ぎが得られなかった場合でも、傍系の血筋から天皇の御位を継げるようになっていたそうで、いわゆる〝隠れ南朝〟のような人もあちこちにいたと聞いています。つまり、南朝の大室家が特別な存在だったわけではなく、他にもそういう人たちは用意されていたということです。

歴史上、数えきれないほどの謀略や暗殺の試練にさらされた「天皇」というシステムは、そう簡単には消えないような仕組みになっているようです。

さらに言えば、明治帝以降の皇室の歴史も、けっして公式に言われている通りのことばかりが事実なのではありません。大正天皇はご病弱で、お子様ができなかったと言われていますし、昭和天皇にもいろいろあったようです。しかしそこの話になってくると、現皇室の内情に関わる話になってくるため、さすがに活字にはできません。

## ◎真清浄寺と皇室の深いつながり

天皇家ゆかりの、表に出ない皇族や側室関係の方々のお位牌が祀られ、供養されているのが、東京都新宿区にある真清浄寺《しんしょうじょうじ》です。

400年の歴史を有する伝統があり、皇室とも深い縁がある日蓮宗のお寺です。ここの住職である吉田日光《にちこう》さんと私は知り合いで、いろいろと世に知られていないお話を伺うのですが、このお寺には明治天皇のお局《つぼね》さんのお位牌も祀られています。

2018年3月号の『玉響』誌上で対談した内容の一部を、ここに掲載します。

**中矢**：こちらでは天皇家ゆかりの、表に出ない皇族関係の方々のお位牌もお祀りしているそうですが。

**日光**：そうです。というのは、このお寺自身は京都の西陣にあって、明治維新の時に睦仁親王（明治天皇）が江戸城に入られた。東京が首都になると同時に、このお寺もこの場所を買って、京都西陣にある真清浄寺を牛込に再建しました。ですので京都の時代から入れますと400年。東京からだと150年。東京に来てからの檀家総代が、有栖川宮威仁《ありすがわのみやたけひと》親王、妃《ひ》慰子《やすこ》親王殿下でした。当時、明治天皇のお局様が公式に7人いらっしゃって、何がなんでも男の子の世継ぎを産むことが課題でした。昭憲皇太后《しょうけんこうたいごう》、つまり皇后さまとの間に、子供がお出来にならない、だからお局様という制度を置いた。それで、柳原愛子《やなぎはらなるこ》様がまず明治天皇の御子を産みます。後の大正天皇ですね。その後、千種任子《ちぐさことこ》が男の子を生んだけど、2人もいらないから千種任子の男の子は中国に飛ばされて、日本に帰ってきた。それが堀川辰吉郎《たつきちろう》という人です。

8人子供を産んだのが園祥子《そのさちこ》、そのうち4人は早世して4人だけ残るのですが、その人たちを北白川宮《きたしらかわのみや》とか竹田宮へ嫁がせて、天皇家と十一宮家の盤石な体制を作り上げるのです。葉室光子《はむろみつこ》・橋本夏子《はしもとなつこ》・柳原愛子・千種任子・園祥子・姉小路良子《あねこうじよしこ》・西西子《にしにしこ》・小倉文子《おぐらふみこ》といったお局様は、みんな真清浄寺におまいりしていたのです。このお寺で写経したり、お昼寝をされたり、お昼ご飯をお召し上がりになられたり、歌を詠んだり、お茶を立ててお飲みになったりして、一日をここで過ごされるという、息抜きの場所だったのです。当時の住職が、接待をしていたわけですね（笑）。

**中矢**：千種任子さんのことについては、私も堀川辰吉郎の伝記（『日本を動かした大霊脈』

徳間書店）を制作する際、いろいろ調べた時に出てきましたが、堀川先生の資料というのは、まったくと言っていいほどないんですよ。非常に本を書くのに苦労したんですけど、あとは傍証的な、関係者の証言ですね。堀川先生と生前、ご縁があったという方の話を聞きながら、なんとかまとめました。

確実な歴史的資料ではないのですが、そうした証言を聞いていくと、堀川辰吉郎という方は、ただ者じゃなかったと思うのです。ウィキペディアを見ると、詐欺師とか何とか書いてありますけど、そうではなかっただろうと。本当は、言われているように、皇室に縁のある方だったのだろうなと思いました。

**日光**：明治天皇の、いわゆる御落胤ですから。名前は言えませんが、私もある宮様から聞きました。

**中矢**：天皇家でも、その事実はご存知なのでしょうか？

**日光**：それはもちろん、表に出さないだけで、わかっていますよ。

**中矢**：公には認めないでしょうけどね。当時は、十一宮家あったのですね。それに直の宮家が三笠宮・秩父宮・高松宮。合計で十四宮家がありました。十一宮家は戦後、臣籍降下で皇室を離脱されてしまいましたから、旧宮家も戦後は大変苦労されたようですね。

## ◎消された皇子・久邇宮和仁親王について

吉田上人との話の中に十四の宮家のことが出てきましたが、正統な皇族にもかかわらず、ここに入らなかった皇族、久邇宮和仁親王《くにのみやかずひと》のご存在については、ほとんど誰にも知られていません。ネットを検索しても、おそらく出てこないのではないかと思います。

十年以上前のことですが、知り合いのS氏から、戦前の日本において皇族の中から天才的な科学者が出たという話を聞きました。その方こそ、久邇宮和仁親王殿下（正確には、宮家ではないので、久邇氏）だったのです。

それは、次のようなものでした。当時の私のメモから要約します。

＊　＊　＊　＊　＊　＊

S氏の知り合いの研究者が、米軍のフィラデルフィア・エクスペリメントに関する資料を、在日米軍に出入りしていた時に入手した。

その研究内容をもとに、ある日、講演を行った。講演終了後、ある人物が近づき、「あなたのその研究は、うかつに公にするのは危険なので、一度ここにいらっしゃい」とアドレスを頂いたので、後日、指定されたその場所に行ってみた。

そこは東京の九段下駅からほど近いビルで、個人で入居しているようだった。最初にテンキーで暗証番号を入力して入り、そこからさらに進むともう一度テンキーを入力して入り、さらに進むと、マジックミラーのようになっている壁があって、そこで本人と確認してから入室を許されるという、かなり厳重なセキュリティ体制を取っている場所だった。

そこは、久邇宮和仁親王殿下の住居だった。殿下はすでに他界されており、奥様が応対してくれて、いろいろとお話をうかがった。

久邇宮殿下は物理学者で、米軍ともつながりがあり、フィラデルフィアの実験にも関係していたということである（気をつけて頑張りなさいと言われたとのこと）。

＊　＊　＊　＊　＊

以上が、S氏から聞かされた話の要点ですが、最近になって、久邇宮和仁殿下の数奇な運命を、吉田上人を通じて知ることになりました。

久邇宮殿下は、昭和10年の二・二六事件の後、ある事情で欧州に渡ることとなり、そこで「東ローマ帝国」の最後の皇帝「ハイル7世」になったそうです。ちなみに、東ローマ皇帝というのはローマ法皇より上位にあり、キリスト教界最高位であるといいます。また、天才的な物理学者だったというのも本当で、ドイツに入ってアインシュタインの弟子になったのだそうです。

晩年は日本に戻って来られましたが、不遇のうちに亡くなられてしまいました。その死亡証明書まで、残されています。

そこの部分の話を、前掲の対談から抜粋してみます。

**中矢**：それから、これは話しにくいかもしれませんけど、久邇宮さんのお話を以前に伺いました。この方は皇族ですけれども、天才的な科学者だったという。

**日光**：この方についてはこういう場では話せないことが多いのですが、二・二六事件の後、ドイツに送られて、科学者になりました。アインシュタインは、久邇宮さんの師匠なのですよ。そしてさらに、東ローマ帝国のハイル7世皇帝にまでなったのです。

**中矢**：私も、裏では「ローマ帝国」なども存在していると聞いています。久邇宮殿下は東ローマ帝国の皇帝までなられたのですね。

**日光**：そうです。東ローマ帝国はバチカンの上の存在なのです。それから後に、日本に帰って来られたのですが、不運にも崩御されてしまいました。これがその方のお顔です。久邇宮和仁親王殿下です。

**中矢**：大変な御方だったのに、表向きには伏されていて誰も知らないし、最後は不運な亡くなり方でしたね。

**日光**：だから供養するのです。供養してあげないと、成仏できないでしょう。

**中矢**：そういった方々をも供養されているのが、このお寺なのですね。

久邇宮殿下については謎が多いのですが、このような人物が日本の皇室から出たということが事実なら、驚愕すべきことではないでしょうか。しかも、そのような御方が、誰にも知られず文字通り葬り去られたことは、悲劇としか言いようがありません。

なお、「東ローマ帝国」が存在するのなら、「ローマ帝国」として存在する可能性もあります。久邇宮殿下にまつわるエピソードは、欧州王室連合が実在することを裏付ける証言ではないかと思いま

久邇宮和仁親三殿下

す。

ただし、実在するとしても、どこまで本当に実力のある組織なのかはわかりません。欧州王室連合は世界の通貨統一を目指しているとも聞いていますが、「奥の院」には今のところそのような考えはなく、資本主義よりも良いシステムがない以上、当面はこのまま行くということでした。「闇の勢力」同士でも様々な思惑がありますので、事はそう単純ではないように思われます。

## ◎「闇の勢力」も日本の秘史を知っている

私が「奥の院」と呼んでいたアジア系の超財閥は、その起源を、中国の春秋時代の「呉《ご》」に始まると主張していました。

実際は、それより前の「周《しゅう》」とか「殷《いん》」の時代に淵源を求めることができるそうですが、呉の太伯《たいはく》（泰伯とも）の子孫が日本にやってきて、その末裔から神武天皇が出て、現在の天皇家の系譜につながっていったと聞いています。

この説は、じつは江戸時代の頃から知られており、当時としては第一級の学者であった林羅山《はやしらざん》らの編纂した『本朝通鑑《ほんちょうつがん》』にも「呉太伯起源説」を支持する記述が見られます。また別の説によれば、春秋時代よりも先に興っていた「周王朝」の末裔が、日本に渡ってきて天皇家のルーツになったというものもあります。

いずれにしても、日本神話を読む限り、神武天皇の祖にあたる神々が「天孫降臨《てんそんこうりん》」でこの日本列島にやってきたということは、大陸から海を越えて渡ってきた渡来人であったことは間違いなく、ここに異論をはさむ余地はありません。

では、彼らはいったいどういう素性の人たちで、どういう経緯でやってきたのかということが、だんだん明らかになってきているようです。

天皇家のルーツが春秋時代の「呉」であったにしろ「周」や「殷」であったにしろ、その時代にその地で自然発生的に生まれ出てきたわけではなく、当然その前もあったはずです。それは、ヒッタイト＝ハッタイト（秦氏）だった可能性もあるし、さらに

林羅山

遡れば、シュメールにつながるのではないかと思います。

つまり、三島敦雄宮司が『天孫人種六千年史の研究』の冒頭で書いた、

「東方日出の大帝国を経営する我が崇高無比なるスメラ（天皇）尊を中心とする天孫人種は、世界東西文明の祖人種として文明創設紀元六千年を有する所謂世界の黄金人種たるスメル系民族である」

は、正しいということです。三島敦雄さんのこの説は、日本のアカデミズムではまったく相手にもされませんが、海外においてこのテーマは相当研究されており、証明される日も近いというふうにも聞いています。

重要なことは、そのことは「闇の権力筋」の間では、もうずいぶん前からよく知られた事実らしいということです。

第1章でもご紹介したように、マッカーサーが終戦直後に石川県の宝達山にある「モーゼの墓」に向かったというのは、明らかに『竹内文書』に拠るものです。アメリカは、『竹内文書』や『上記』などの古史古伝を、戦前から英訳していたことがわかっていますので、「闇の権力筋」にあたる人たちが、そうした話を知らないはずがないのです。

## ◎天皇家のルーツは古代シュメールへ

ところが日本には、天皇は大陸からやってきた渡来人の末裔だと考え、これを理由に、皇室に対してネガティブな感情を抱く人もいます。天皇家は中国大陸、あるいは朝鮮半島から日本にやってきた侵略者だというのです。

はたして彼らは、外国から渡ってきて、日本列島に住んでいた人たちを武力で征服した〝侵略者〟であったのでしょうか。結論から言うと、その証拠はありません。

神武東征神話では、大和に軍勢を差し向けたわけではなく、九州を出発した時、同行者は兄の彦五瀬命《ひこいつせのみこと》、天忍日命《あめのおしひのみこと》、天久米命《あまつくめのみこと》ら数名とその御伴《おとも》だけでした。軍事的制圧が目的ではなかったことがこれだけでもわかります。

また、「記紀神話」では、神日本磐余彦尊《かんやまといわれひこのみこと》（後の神武天皇）一行が大和入りした時、この地にすでに〝天孫降臨〟が起きていたことを正直に伝えています。それが、大和の国を治めていた饒速日命《にぎはやひのみこと》です。そこで饒速日命が、天孫である証として「天羽羽矢《あめのはばや》」と「歩靫《かちゆぎ》」を見せると、イワレヒコも同じものを持っていたと。

饒速日命は物部氏の祖神であり、朝鮮半島から渡来してきた民族です。それが戦うことなく大和の人々に受け入れられたということは、彼ら渡来人と先住の大和の民が同族か、ルーツが同じであったことを意味しています。おそらく、言葉も通じたのでしょう。

物部氏の史書である『先代旧事本紀』によれば、饒速日尊は、三十二柱の随神と二十五部の物部を従え、「天磐船《あめのいわふね》」で河内の国に降臨したといいます。

これら御伴の人々は、武力を持っていただけでなく、当時としては最高の技術や知識を身につけた、文化力の高い集団だったと思われます。彼らの働きによって、大和の民の生活レベルは一気に向上し、豊かになったことでしょう。そうなれば地元民に受け入れられて当たり前ですし、「神」と崇められても不思議ではありません。なにしろ饒速日尊は、死者をも甦らせることのできる「霊力」まで授かっていたというのですから。

その霊力とは、『先代旧事本紀』によれば、「一《ひ》－二《ふ》－三《み》－四《よ》－五《い》－六《む》－七《な》－八《や》－九《こ》－十《と》」という言霊（数霊）と「十種《とくさ》の神宝《かんだから》」を活用する呪法《じゅほう》と記されているのですが、これが日月神示とも関係してきますので、後ほどまた触れたいと思います。

なお、神武天皇が中国大陸から来たとか、饒速日命一族が朝鮮半島から来たからと言って、それが今の中国人や朝鮮人と一緒かというと、そうではありません。当時、大陸や半島にいた民族と、今の中国や朝鮮にいる人たちとはかなり異なります。

神武天皇一族もニギハヤヒ一族も、そのルーツをたどれば古代シュメールに行き着き、さらにそのルーツをさかのぼれば、日本に還ってきます。言うなれば〝里帰り系〟の民族だったわけです。

## ◎藤原氏の台頭と白村江の戦い

天皇家の「裏の歴史」を語る上で、どうしてもはずせないのが、藤原氏のことです。

用明天皇の御代、物部守屋《もりや》と蘇我馬子《そがのうまこ》が激突する「丁未《ていび》の乱」（５８７年）があり、物部氏が敗れるという事変が起きました。

次に即位した崇峻《すしゅん》天皇は、東漢駒《やまとのあやのこま》に刺殺されてしまいます（５９２年）。東漢駒というのは渡来系の人物であり、いわば外国人にわが国の天皇が刺殺されるという大変な事件が発生したのです。黒幕は蘇我馬子で、犯人の東漢駒も、暗殺が起きたのと同じ月に死亡しており、口封じだったと言われています。

そして皇極天皇４年（６４５）、天皇の御前で蘇我入鹿《いるか》が斬り殺される「乙巳《いっし》の変」が起こります。このクーデターにより、蘇我氏は滅ぼされ、中大兄皇子《なかのおおえのおうじ》と中臣鎌足《なかとみのかまたり》による「大化の改新」が成就します。ご存じのように、中大兄皇子は後の天智天皇であり、中臣鎌足は「藤原」の姓を賜って藤原鎌足となり、最上の冠位である「大織冠《たいしょくかん》」にまで登りつめます。

天智2年8月（663年10月）、朝鮮半島の白村江《はくすきのえ》で、日本・百済《くだら》の連合軍と、唐・新羅《しらぎ》連合軍との間で戦争が起きます。いわゆる「白村江の戦い」です。唐・新羅連合軍はこの戦に勝利し、その後に高句麗《こうくり》を滅ぼしました。

この時、なぜ日本は海の向こうの百済につき、戦までしたのか。朝鮮半島には任那《みまな》（伽《か》耶《や》・加羅《から》）という日本領があったからということもあると思いますが、それよりも、私が聞いているところでは、要するに、当時の百済の人々と日本の中枢にある人々が同族だったからということです。

新羅は朝鮮の一国というより、唐の一部のような国で、民族的にも中国の方に近いのだそうです。この新羅の流れを汲むのが今の韓国です。だから韓国と中国は、悪い面で似ているところがあるのです。

韓国では、今も社会の上層部に新羅系の人々がつき、百済系の人々は差別されていると聞きます。現代にあってもそうだというのだから驚きです。また北朝鮮系の人は韓国の人を「あいつらは裏切り者だ」などと言います。いつの時代のことを言っているんだという気もしますが、彼らの恨みは、時を経ても消えないもののようです。

天智・天武朝の頃の朝鮮半島には、高句麗、百済、新羅、伽耶という国々があったわけですが、この中で最も本流にあたる国が、高句麗であったそうです。ところが高句麗の「本体」にあたる人々は、この時代にすべて日本に渡ってきてしまったというのです。

高句麗の「高」は修飾語なので、kuri（句麗）という言葉が重要です。朝鮮語ではkuriとかkuruとかkureという発音になり、漢字をあてれば「呉《くれ》」になります。高句麗も最初は「呉」だったと言います。

私はこの話を、長年の付き合いのある在日朝鮮人（北朝鮮系）の、ある御方から聞かされました。これは「奥の院」が自らの起源を中国の春秋時代の「呉」に始まるとしていることに通じるのではないかと思い、その御方に尋ねてみたところ、それ以上昔のことは自分にはわからないが、その可能性は大いにあるとのことでした。

藤原氏のことに話を戻しますと、藤原鎌足の子が、不比等《ふひと》になります。しかしこれは定説であり、異説では、天智天皇の皇子だったとも言われています。どうも真実は後者の方なのではないかという気がしますが、ここでは立ち入りません。

その在日〝北朝鮮〟人の方によると、藤原不比等という人は、今挙げた、高句麗、百済、新羅、伽耶、それに倭（日本）を加えた人々の血をすべて受け継いでいるのだそうです。したがって、これらの国の人々は、藤原不比等を長として祀ることにより、一つに結ばれるのだというのです。その説が本当かどうかというより、北朝鮮系の人がそういう考えを持っているというのが、大変興味深いところです。

## ◎藤原四家と天皇家

私たちが学ぶ歴史の中で、不比等は悪いイメージが付けられ、学習マンガでも悪人面で描かれることが多いようです。私も、持統天皇に取り入って出世し、権勢をほしいままにした悪い人物という印象がありました。しかし、事実はどうもそんな人ではなかったのではないかと思われます。

藤原一族の黄金時代の基礎を作った人物こそ、不比等です。これは隠されている話ではなく、ウィキペディアにも、「文武天皇2年（698年）には、不比等の子孫のみが藤原姓を名乗り、太政官の官職に就くことができるとされた。不比等の従兄弟たちは、鎌足の元の姓である中臣朝臣姓とされ、神祇官として祭祀のみを担当することと明確に分けられた。このため、不比等が藤原氏の実質的な家祖と解することもできる」とあります。

不比等には四人の男子がおりました。長男の藤原武智麻呂《むちまろ》、二男の藤原房前《ふささき》、三男の藤原宇合《うまかい》、四男の藤原麻呂《まろ》です。これら四人の兄弟たちが、それぞれ家をおこします。武智麻呂の藤原南家《なんけ》、房前の藤原北家《ほっけ》、宇合の藤原式《しき》家《け》、麻呂の藤原京家《きょうけ》の四つであり、「藤《ふじ》原《わら》四《し》家《け》」と呼ばれます。

藤原氏はその後、日本の中枢において絶大な権力を握るようになり、天皇家に次ぐナン

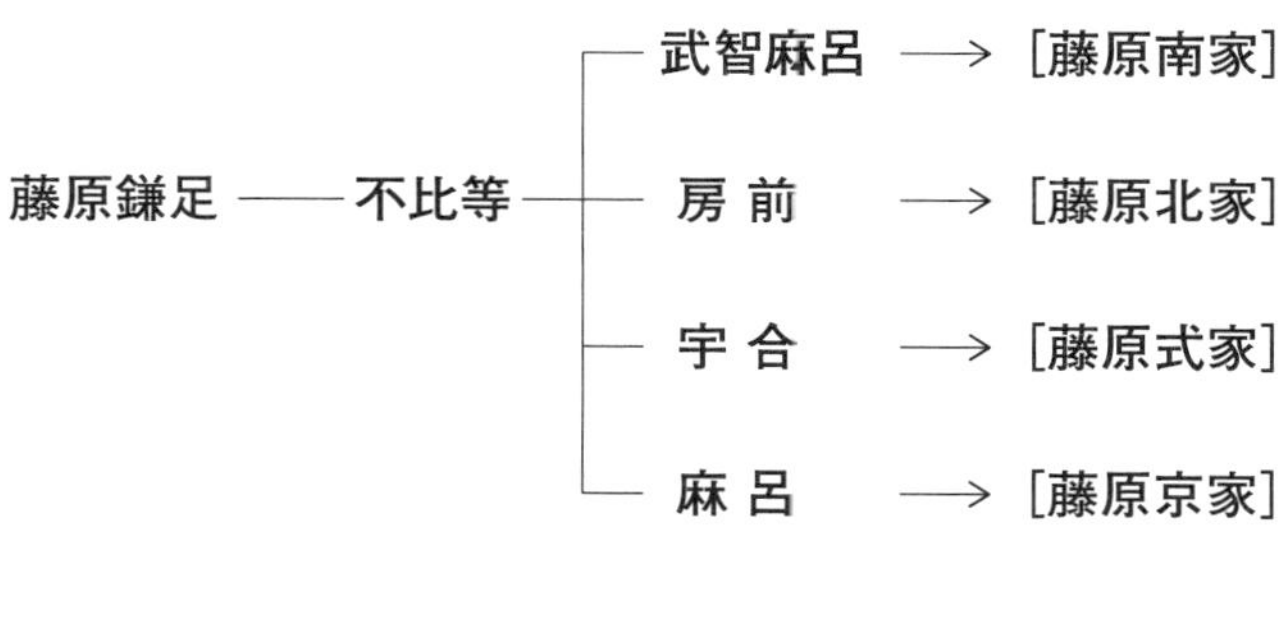

藤原四家略系図

バー2の地位にあり続けます。天皇を傀儡《かいらい》とし、裏から日本を支配したという見方もありますが、この体制は飛鳥時代から幕末まで、1200年以上もの間続いたと言われます。明治維新で朝廷は滅びましたが、藤原氏の築いた体制が、すべて滅びたわけではありません。日本が戦争に敗けた時も、藤原氏の体制までが滅びることはなかったのです。

藤原四家は、現代に至るもなお存在し、裏から天皇家を支えています。つまり、日本の裏の権力者といえば、藤原氏のことになるわけです。

ただし、藤原氏一族といっても、傍系まで含めれば膨大な数に上ります。それこそ、日本人の大部分の苗字が、先祖をたどると藤原家に行き着くのではないでしょうか。私の名前の「中矢」の出自はわかりませんが、母方の姓である「村越」は藤原氏一族になりますので、どうやら私にも藤原の血が入っているようです。

ここで言う、今でも日本社会の裏で天皇家を中心とした体制を支えている「藤原氏」とは、その本流である「藤原四家」のことです。そして現代はどうなっているかというと、私もあまり詳しいことは知りませんが、知っていることを書きたくても、そうした人たちも私の本を読まれることもあると考えると、具体的なことは書けません。

私が、皇室の裏情報に詳しいある方を通じて聞かされたのは、藤原北家の話のみで、ここが藤原四家の中でも最大の勢力ということでした。また、藤原北家の者は、日本社会の上層部に素性を隠して入り込んでいます。長老的存在もいますし、組織として横のつながりもあるようです（このネットワークが、「八咫烏《やたがらす》」という、あやしげな名前で伝わってしまったと聞いています）。

別の信頼できる情報では、藤原四家の中でも北家だけが残ったわけではなく、南家も、京家も、式家も存在するということでした。そしてそれぞれの家が役割を持ち、天皇というシステムを守っています。

藤原北家は、北朝系であり伏見宮系で、現天皇家に通じています。また南家というのは、南朝系であり、三笠宮家にあたります。京家は東宮に通じており、これは秋篠宮家です。式家は「西院」というところと通じており、これは女系であるというのです。

いずれにせよ、日本の最高権威は、表向きには現天皇家ではあるのですが、裏では藤原四家が取り仕切っているわけです。

## ◎なぜか不遇の扱いを受けている不比等

奈良県桜井市多武峰《とうのみね》にある談山《たんざん》神社は、藤原家の宗廟《そうびょう》であり、紅葉が美しいことでも知られます。その境内には重要文化財にも指定されている藤原鎌足公の「十三重塔」があり、大事にされていることがわかります。しかし、その子であり、四家を築いた兄弟たちの親であり、藤原氏の繁栄の基礎を築いた不比等は、なぜか不遇の扱いを受けているのです。それがあまりにも酷いし、不憫《ふびん》だと指摘したのは、先の話に出た知り合いの在日朝鮮人の方でした。

談山神社には、藤原不比等の墓もあります。「峯の塔」という十三重の石塔なのですが、鎌足公の塔と比べるとかなり小さく、確かにみすぼらしいのです。私も参拝してみましたが、神社から少し離れた森の中にあり、放ったらかし同然で、掃除もロクにされていないような状態でした。しかも、塔のてっぺんについているはずの擬宝珠《ぎぼし》という部分が、無くなってしまっているのです。

いちおう「峯の塔」は重要文化財で、説明書きもありましたが、こんなにひっそりとしていては参拝客など誰も来ないと思います。

この扱いは、やはり不比等の父は鎌足公ではなく、天智天皇の皇子だったことから来ているのかもしれません。天武天皇と天智天皇は兄弟ではなかったとも言われます。このあたりの時代背景は、もう一度きちんと洗い直す必要がありそうです。

不比等には、出自を隠した上であえて悪者のイメージをつけ、貶めることにより、何かが封印されているように思われます。今でも日本社会の裏で「藤原四家」が存在し、天皇を中心とした日本の国体を守っているのなら、裏の藤原氏が良くなることで、表の天皇家が良くなり、日本全体が良くなるということになるでしょうし、その方が現実的と思います。

それにはまず、不比等にかけられた封印を解かねばならないと思い、２０１７年11月、私の主宰する会の有志

不比等十三重塔

十数名で談山神社に参拝し、「峯の塔」前でも祈らせて頂いた次第です。

## ◎てんし様を戴く日本に誇りを持とう

藤原氏は朝鮮渡来という説もありますが、天皇家とて、中国大陸から渡ってきた一族から初代の神武天皇につながるわけです。天皇家から分かれた傍系まで入れると、日本国民の中にその血を受け継ぐ人は膨大な数になります。

清和天皇から出た源氏の分かれだけでも、たくさんあります。私の妻の母方は原澤という苗字ですが、これは源氏の嫡流として知られる新田義貞公の血を引く家系です。

天皇家か藤原家の血をわずかでも引く人たちが何人ぐらい日本にいるのかわかりませんが、おそらくほぼすべての国民が、先祖をたどれば、どちらかの家につながるのではないかと思うほどです。

神武天皇が大和入りする前に天孫降臨していたという饒速日命とて、朝鮮半島からの渡来人です。

その前の先住であった出雲神族は、自分たちはシュメールから来た一族だと語り継いでいます（富氏の伝承）。また、古史古伝の一つである『富士文献』によれば、日本の国を初めて治めた王（初代天皇）は国常立尊とされていますが、その国常立尊の一族は、ペルシャ方面、今で言うイラン・イラクの国境あたりからやってきたことが記されています。

要は、いずれにしても、私たちの祖先は、どこかの時点で日本列島にやってきた渡来人につながるのです。そして、長い歴史を通じてこの日本に融け込みながら、日本人として、日本の文化を形成していったのです。

その日本国民統合の象徴としての存在が、天皇であり皇室ということになります。

「三王朝交替説」を提唱する水野祐氏のように、「天皇は万世一系ではない」という説を支持する学者も多いですが、私が昔、宮内庁に通じるある人物から聞いた話では、「かろうじて何とか血はつながっている」ということでした。

仮に、王朝交替による断絶が起きていたとしても、天皇という存在を日本人が捨てなかったことは事実です。どんな力のある武将が天下を取っても、あるいは国家と国家の総力戦に敗れて全面降伏しても、天皇と皇室は生き残ったのです。

これは人類史上、奇跡といってよいもので、そこには人智を超えた何らかの「神意」が働いているとみるべきだと思います。

まして日月神示には、**「てんし**（天子）**様は神」**とか**「てんし様拝《おろが》めよ」**などと繰り返し出されているわけですし、**「てんし様よくなれば、皆よくなるのざぞ。てんし様よくならんうちは、誰によらん、よくなりはせんぞ、このくらいのこと何故にわからんのぢゃ」**とまで示されています。

また、**「日本のてんし様が世界まるめて治《しろ》しめす世と致す」**仕組みであると、ハッキリ予言されている以上、いずれはそうした世の中が来ることになると思われます。

天皇の歴史をひもとくと、たしかに凄惨なこともあったし、人の欲望に翻弄されたこともあったわけですが、これからは、世界で最も古い家系として、国民のみならず世界から崇敬される天皇を戴く日本国民としての自覚と誇りを持ち、天皇と皇室の威光がますます弥増《いやま》すように祈らなければならないし、そのように努めねばならないと思います。

**「日本の臣民みな取り次ぎぞ、役員ぞ。この方は世界中丸めて大神様にお目にかける御役、神の臣民は世界一つに丸めて、てんし様に献げる御役ぞ。この方とこの方の神々と、神の臣民一つとなりて世界丸める御役ぞ」**（『下つ巻』第38帖）

## ◎世界支配層も変わらざるを得ない地球大変動期へ

どれほど「闇の勢力」に力があろうと、世界の最高権威として裏で君臨しようと、天文学的な資金を持っていようと、所詮、彼らも人間です。病気にもなりますし、家族どうしのいざこざもあるし、歳をとれば老いていき、やがて必ず死に至るのです。

今は「てんし様」出現に至るまでの過渡期にあります。この時期には天変地異が増え、自然災害が多く発生します。「**どこへ逃げても逃げ所ない**」と神示にあるように、どこに逃げようが隠れようが、ここなら安全という場所など地球上にはありません。

「**殺さなならん臣民、どこまで逃げても殺さなならんし、生かす臣民、どこにいても生かさなならんぞ**」（『上つ巻』第35帖）

ともありますが、生かすも殺すも神様次第ということです。それは「闇の権力者」たちであっても同じことで、分け隔《へだ》てはありません。

本書では書けませんが、中国には現在も、「超長寿」の長老たちが存在するという話もあります。彼らは皆、百数十歳という年齢だそうで、しかも全員が超能力者であると聞いています。

また、欧州王室連合の上にもさらに組織があるようで、話を聞いていると、上に行くほど、次第に霊的な、オカルトめいた話になっていくのです。いったい本当の最上部というか、最奥部はどうなっているのか、あまりに深すぎて私にもわかりませんが、だんだん異星人などの世界にも通じてくるようにも思われます。

そういう「闇の勢力」も上層部に行くほど霊的な話が主になるようですから、「彼ら」の世界では日月神示もよく知られているんだそうです。というより、逆説的に言えば、日月神示は「彼ら」が降ろしたものと考えることもできるのかもしれません。

この地球大変動を通じて、人類はハッキリと二極化してくると神示にあります。「神」のような人類と、「獣」のような人々と、二つに分かれるというのです。


**「臣民の性来《しょうらい》によって、臣民の中に神と獣とハッキリ区別せねばならんことになりて来たぞ」**（『下つ巻』第23帖）

**「神世の秘密と知らしてあるが、いよいよとなりたら地震、雷ばかりでないぞ、臣民アフンとして、これは何としたことぞと、口あいたままどうすることも出来んことになるのぞ、**

**四ツン這いになりて着る物もなく、獣となりて這い廻る人と、空飛ぶような人と、二つにハッキリ分かりて来るぞ。獣は獣の性来いよいよ出すのぞ」**（『富士の巻』第19帖）

これは何かの比喩なのか、神と獣に分かれるとは具体的にどういうことなのか、私にもわかりません。

これから地球の人類社会においては、大規模な人口淘汰が始まるとみられます。それは人為的に行われる部分もありますが、たとえ人為的に行われるとしても、その背後には神の意志が働いていると考えるべきです。

人口密集地を巨大地震が連続して襲ったり、カルデラ火山が大噴火を起こしたりして淘汰されることも考えられますが、たとえそうした災難を免れたとしても、日本人の場合はすでに食の乱れや様々な合成添加物の摂取、薬の常用などにより、高齢者だけでなく若い人であっても、今後は病気になる人が増え、短命化していくと思われます。

現代は間違いなく、サバイバルの時代に突入しています。そしてそれは、世界支配層にある人々にとっても、同じことです。この大波を乗り越え、生き残るには、心を改め、身魂磨きに励み、行動に移すしかありません。

では、私たちは何をすればいいのか。その実践について、最終章で述べていきたいと思います。

# 第5章　私たちが目指すべき未来

## ◎6000年の歴史がリセットされようとしている

村山節先生の文明周期説によれば、今、私たちは800年に一度の文明交代期に遭遇しています。また、千賀一生さんが発見した「ガイアの法則」では、その周期がさらに数学的真理により割り出され、次の文明の中心地が日本に来ることがわかっています。

正確にいえば、西の文明が没落し、東の文明が興隆する、約1600年前のパターンと同じになるだろうということです。

しかし今回は、それだけではなく、もっと大きなサイクルも重なっているようです。それは800年の8倍、1600年の4倍にあたる、約6400年の周期です。歳差運動の一周期にあたる2万5776年の4分の1は6444年ですが、この6444年を一つの単位とする大周期が存在し、それが折り重なってきているというのです。

千賀さんによれば、この6444年の周期は、特有の性質《カラー》を持っています。その大周期が終わるということは、次の人類文明の中心が日本に移った時には、これまで東西の文明が800年ごとに交代してきただけではなく、まったく新たな性質を持つ6444年周期の文明がスタートすることになると言います。

この６０００年とか６４００年という数字は、いろいろなところで共通しています。

ユダヤ暦も６０００年で終了するとされており、その算出法には諸説あるようですが、私が聞いた「裏情報」では、２０１５年9月29日に終了したということです。

三島敦雄宮司の『天孫人種六千年史の研究』も６０００年ですが、欧州王室連合でも「６０００年の人類史をリセットする」という言い方をするそうです。

さらに、古史古伝の『富士文献（宮下文書）』によれば、ペルシャ方面から日本列島にやってきた国常立尊《くにとこたちのみこと》、国狭槌尊《くにさつちのみこと》などの神々が富士山麓に初めて王朝を開いたのは、だいたい今から６４００年前のことだったと記録されています（加茂喜三著『日本の神朝時代』富士地方史料調査会）。

それらが真実かどうかというより、出自の異なるところで同様のことが言われているのは、偶然の符合とは思えません。やはり、６０００年なり６４００年なりの大周期の節目が巡ってきているということだと思われます。

ただ、一つの性質を持つ文明サイクルが終了し、新たな性質の文明サイクルが始まるというのは、そう簡単なことではなさそうです。

自ら進んで古い価値観から脱却し、古い体制を変えることができれば、スムーズに移行していくのでしょうけれども、人類はそこまで賢くはないようです。どうしても、この過渡期には、混乱や崩壊、対立や闘争という事態が避けられません。それは日本においても同様です。

## ◎大難は小難に変えることができる

神示をよく読めば、世の大難（大きな災難）は、けっして不可避のものではないことがわかります。そこには「大難は小難に変わり得る」ことが繰り返し書かれています。「型」としては何らかの形で出さなければいけないけれども、その規模をかなり縮小することはできるようです。

**「仕組通り出て来るのざが、大難を小難にすること出来るのざぞ。神も泥海はまっぴらぞ、臣民喜ぶほど神嬉しきことないのざぞ、曇りておれど元は神の息入れた臣民ぞ、打つ手あるのぞ」**（『地つ巻』第32帖）

**「神示で知らしただけで得心して改心出来れば大難は小難となるのぢゃ、やらねばならん、戦は碁、将棋くらいの戦で済むのぢゃぞ、人民の心次第、行い次第で空まで変わると申してあろうがな、この道理よく心得なさりて、神の申すことわからいでも、無理と思うとも貫きて下されよ、それがマコトぢゃ」**（『青葉の巻』第16帖）

たとえば、大きな戦争も、囲碁や将棋、あるいはチェスのようなもので済ませることができるというのです。それも私たち人類の改心次第、努力次第で、そこまで小さくすることができるのだと。

ここに、日月神示が伝達された要諦《ようてい》（最も大切なところ）というものがあります。もし悲惨な未来が避けられないものであり、そうなることが決まっているのであれば、わざわざ神示を降ろして警告する必要などないわけです。

あらかじめ何十年も前から神示を降ろして、私たちの意識を変えさせよう、行動を起こさせようとするのは、それによってどんな未来が生まれてくるかが、変化してくるからに他なりません。

大難を小難にするためには、「祈る」ことも大切なのですが、祈ってばかりだけではダメで、良い世の中にするために、一人一人が実践することです。「神世の型を出せ」と神示は告げていますが、小さくてもいいから、ミロクの世（理想社会）の「型」をわれわれの手で作り出すことで、初めて大難は小難にと変わるのです。

**「早う誠の臣民ばかりで固めてくれよ。神世の型、出してくれよ。時、取り違えんように。時、来たぞ」**（『夜明けの巻』第7帖）

**「今度新《さら》つの世にするには、人民もその型の型の型くらいの難儀せなならんのざぞ。それでもよう堪《こば》れん臣民も沢山にあるのざぞ、元の神の思いの何万分の一かの思いせんならんのざぞ」**（『雨の巻』第7帖）

**「人民には見当取れん大きな大きな大望《たいもう》ざから、その型だけでよいからと申しているのぢゃ、型して下されよ」**（『岩の巻』第十帖）

**「この道に縁ある者だけで型出せよ、カタでよいのぢゃぞ」**（『光の巻』第6帖）

**「ミロクの世のやり方の型、出して下されよ、一人でも二人でもよいぞ、足場早うつくれと申してあること忘れたのか」**（『梅の巻』第20帖）

しかし、戦争がゲームぐらいのもので済んだり、超巨大地震がちょっと揺れたりする程度で済んだりしても、今の社会のままでは次の文明には移行できません。意識を改めることなく、古い価値観やシステムにしがみついたまま、その上に新しい文明を築くことはできないのです。

つまり、今の社会のあり方は、どうしても潰れる必要があるということです。同時に、その社会で支配的立場にあった人たちも、皆潰れます。一般庶民も同じですから、上も下も潰れることになります。まったく新しい家を建てるには、その土地をいったん更地に戻さないといけません。それと同じことが、これから起きることになると思います。

**「富や金を返したばかりでは、今度は役に立たんぞ、戦ばかりでないぞ、天災ばかりでないぞ、上も潰れるぞ、下も潰れるぞ、潰す役は誰でも出来るが、修理固成《つくりかため》のいよいよのことは、神々様にもわかりておらんのざぞ」**（『天つ巻』第2帖）

## ◎明治以降の日本は本来の日本ではない

戦後、日本にはＧＨＱによる占領政策の一環としてＷＧＩＰ（War Guilt Information Program）＝「戦争についての罪悪感を日本人の心に植えつけるための宣伝計画」が仕掛けられたことは、今日ではよく知られています。

日月神示では、このことが「イシヤの仕組」という言葉で示されています。

**「イシヤの仕組にかかりて、まだ目醒めん臣民ばかり。日本精神と申して卍（仏）の精神や十（キリスト）の精神ばかりぞ。今度は神があるかないかを、ハッキリと神力見せて、イシヤも改心さすのぞ」**（『下つ巻』第16帖）

前章でも触れたように、「イシヤ」とは、自由石工業者を起源とする国際組織「フリーメーソン」を象徴的に指しているものと思われます。その具体的な仕組（プログラム）の中身はというと、ＷＧＩＰもそうですし、「スポーツ・スクリーン・セックス」のいわゆる「3S政策」もそうですし、共産主義による伝統文化や宗教の破壊もこれに入ると思います。
戦後の日本人は、こうした様々な計略により、見事に骨を抜かれてしまいました。終戦直前から戦後にかけて降ろされた神示には、やがてそうなるであろうことがハッキリと示されております。

**「フニャフニャ腰がコンニャク腰になりてどうにもこうにもならんことになるぞ、その時この神示、心棒に入れてくれよ、百人に一人くらいは何とか役に立つぞ、あとはコンニャクのお化けざぞ」**（『磐戸の巻』第5帖）

**「出てきてから**（復興してから）**また同じようなこと繰り返すぞ、今度は魂抜けているからグニャグニャぞ、グニャグニャ細工しか出来んぞ、それに迷うでないぞ」**（『海の巻』第4帖）

たしかに、今の日本を見るとこうした予言通りになったわけですが、日本人の性質が変わってしまったのは、戦後からではないのです。「イシヤの仕組」が日本に入ってきたのは、正確に言えばもっと前、江戸末期から明治にかけての頃であろうと思われます。

当時の日本は、アジアを蹂躙《じゅうりん》する欧米列強に対抗するため、富国強兵を急がなければなりませんでした。そのために、必死に欧米を手本に学び、模倣しようと努力しました。

国民教化策の推進のため、神道は国家神道となり、霊的な部分（丶）は抜けてしまいました。そして本来、祭祀の長であるべき天皇陛下まで軍服を着るようになります。これは、日本の天皇が欧州王室連合の一員になったことが主な理由と思われます。

そこには、時代の流れとして如何ともしがたいものがありました。西洋の唯物思想や合理主義が主流となり、科学的でないもの、合理では説明がつかないものは、軽視されるか、排除の対象となりました。つまり、明治維新以降の日本には、そこからいわばボタンの掛け違いが起きているのです。

そして日本が敗戦を迎えると、堰《せき》を切ったように様々なプログラムが実行に移されました。戦前にはまだ生きていた武士道精神や、私心を捨てて公のために尽くすといった、戦前まで美徳とされていたものはすべて否定されました。

戦後は経済的な復興を急がなければならなかったので、そこに国民が一丸となって頑張ったのはさすがに日本人というべき偉業でしたが、大事にされたのは「金」であり「モノ」であり「個人」であったわけです。

これは残念ながら今日でも続いています。現在、社会の「上」に立つ人たち、たとえば国会議員で、本当に私利私欲を捨てて、国を良くしたいと思い、命をかけて頑張っている政治家が、はたして何人いるのでしょうか。

国民の中でもエリートが入るのが中央省庁ですが、霞が関に詳しい方から聞いたところによると、官僚たちは口では「国益、国益」と言いますが、実際に彼らが考えているのは自分たちの「省益」でしかないんだそうです。

とくに日本の上層部は、アメリカに屈従するばかりで、戦争に負けるというのはこういうことなのかと痛感します。日本はまさに、外国に頭を取られている状態なのです。アメリカのくびきから離れて自立しようという心を持つ政治家や官僚は、まったくいないか、限りなくゼロに近いように思われます。

ですから、神示が警告するように、意識を改めて実践行動に移すということは、こと日本の上層部にあっては、とうてい無理な話です。彼らは前例のない新しいことするのを嫌いますし、まして自ら先陣を切って組織を変えようと思う者などいません。このように膠《こう》着化《ちゃくか》してしまった日本では、もはや時代の変化に対応できないと思います。

しかしそのような言い訳が許されるものではありません。歴史は大きく変わろうとしており、６０００年とか６４００年に一度の巨大な変革の波が押し寄せてきているのです。自浄能力がないとなれば、外的な力で強制的に立て替えるしかありません。早い話が、明治から今日まで続いた日本のシステムは、一度潰れる必要があるということなのです。

## ◎戦前の大アジア主義の理想を受け継ぐ

しかしまだ、大難を小難にする方法は、ないわけではありません。打つ手はまだあると思います。

今の日本がダメなら、海の向こうに目を向けることです。日月神示はけっして、国籍や人種としての「日本人」にのみ降ろされたものではないのです。

**「神の国にも外国の臣がおり、外国にも神の子がいる」**（『上つ巻』第2帖）

**「顔は神の臣民でも心は外国御魂《みたま》ぞ、顔は外国人でも御魂は神の臣民あるぞ」**（『上つ巻』第15帖）

**「外国から早くわかりて、外国にこの方祀《ほう》ると申す臣民、沢山出来るようになって来るぞ。それでは神の国の臣民申し訳ないであろがな」**（『富士の巻』第25帖）

**「日本ばかりが可愛いのでないぞ、世界の臣民皆わが子ぞ。分け隔《へだ》てないのざぞ」**（『日月の巻』第27帖）

日月神示は、人種・国籍としての「日本人」だけを対象としたものではないことが、これを読むだけでもわかります。

また、日月神示は「てんし様を中心に世界が一つにまとまる」世の中を理想とするもので、それは八紘一宇《はっこういちう》とか四海同胞《しかいどうほう》という戦前の思想に通じるものではありますが、もう一つ注目しなければならないこととして、日月神示はその系譜から、「大アジア主義」の流れを汲むものであるということがあります。

日月神示は本来、大本《おおもと》（教）に降りるはずでしたが、大本が当局により弾圧されてしまったため、仕組みが変わり、一時は大本信者であった岡本天明さんに伝達されたと言われています。

その大本ですが、戦前は右翼ともつながりの深いものがありました。右翼といっても、今のような偏狭な国粋主義者の集まりではありません。当時の右翼というのは、大アジア主義を掲げ、清朝打倒を掲げる中国の革命家たちと共闘しており、日本の軍部とは対立関係にあったのです。玄洋社の頭山満《とうやまみつる》や黒龍会の内田良平は、大本教主の出口王仁三郎《でぐちおにさぶろう》とは同じ理想のもと、しっかりと結びついていました。

昭和10年の大本弾圧事件の指揮をとった内務省警保局長の唐沢俊樹は、戦後の昭和32年（１９５７）に、大本を当局が弾圧した理由は、「大本が信者から集めた浄財が出口王仁三郎を通じて右翼に流れ、その活動資金となっていることを断つためだった」という趣旨の手記を寄せています。

当時の右翼たちが唱えていた大アジア主義というのは、大東亜共栄圏とは異なります。大東亜共栄圏というのは、日本を中心にアジアが共に栄えるという、経済に重点を置く考え方でしたが、大アジア主義と言う時は、経済というより精神、心と心のつながりの方がより重要です。欧米列強のアジア諸国への侵略に対し、アジアの諸民族は日本を盟主として団結すべきであるという考えが、大アジア主義なのです。

その解釈には様々なものがありましたが、中国の国父と尊称される孫文《そんぶん》も、大アジア主義の唱道者であったことはよく知られています。

明治30年（1897）、清朝打倒を掲げる孫文が日本に亡命してきた時、彼を命がけでかくまい、支援したのは、日本政府ではなく、宮崎滔天《とうてん》、平山周《しゅう》、平岡浩太郎、頭山満、内田良平といった、当時の右翼や大陸浪人たちでした。

明治32年（1899）、機が熟したと判断した孫文は、大陸に戻り、革命運動に身を投じます。この時、孫文に同行したのが堀川辰吉郎でした。彼らの死にもの狂いの働きが、恵州《けいしゅう》蜂起《ほうき》、辛亥革命《しんがいかくめい》、清朝崩壊へとつながっていくのです。

現在の中国は、中華人民共和国と中華民国（台湾）の二つに分かれていますが、いずれしても、その基礎を作ったのは孫文であり、孫文のもとでは一つになれるのです。その孫文を命がけで護り、共に闘ったのは、日本の右翼たちだったということです。

大アジア主義の夢は潰《つい》えてしまいましたが、この大理想の実現に向け、民族の枠を超え、心を一つに動いたことは事実であり、それぞれに様々な思惑があったにせよ、すごいことだったと思います。

それをバックアップしていたのが大本であり、大本が当局により弾圧されると、その精神は日月神示に受け継がれることになったのです。

## ◎「五族協和」を理念に建国された満州

一方、戦前の日本の支配下にあった満蒙の地では、王道楽土、五族協和をスローガンに掲げた理想郷が築かれようとしていました。

日本人・漢人・朝鮮人・満州人・蒙古人の五つの民族が共に和すという「五族協和」のもとに、西洋の武力による支配型の統治（覇道）ではなく、東洋の徳による統治（王道）で平和国家（楽土）を造るという理念で建国されたのが、満州国でした。

関東軍参謀であった石原莞爾は、満州事変の首謀者として知られますが、彼はこの理念のもとに満州を建国した立役者です。

石原は当初、満蒙「領有」論者でしたが、その後は満蒙「独立」論者となり、日本人も国籍を離脱して満州人になるべきだと主張しました。世界最終戦争論者であった石原が構想していたのは、その決戦に備えるため、日本と中国が力を合わせることにより、「東洋の合衆国」を造ることにあったのです。また、第1章でも取り上げたように、石原は「世界を治める天皇」の出現を信じていました。

また、満州には「五族」に限らず、ユダヤ人を大量に入植させるという計画もありました。現在のイスラエルが建国される前の1930年代、ヨーロッパで迫害を受けていたユダヤ人を満州国に受け入れ、定住させようと画策したのです。

重要なことなので、このことについても触れておきます。

「フグ計画」と呼ばれたこのアイデアは、実業家で日産コンツェルン創始者の鮎川義介《あゆかわよしすけ》が最初に提唱したと言われています。

1934年、鮎川は「ドイツ系ユダヤ人五万人の満州移住計画について」と題する論文を発表、そこには「五万人のドイツ系ユダヤ人を満州に受け入れ、同時にユダヤ系アメリカ資本の誘致を行うことにより、満州の開発を促進させると共に、同地をソ連に対する防壁とする」という壮大な構想が書かれていました。

この構想は1938年の「五相会議」（注：内閣総理大臣・陸軍大臣・海軍大臣・大蔵大臣・外務大臣の5閣僚によって開催された会議で、昭和初期における最高意思決定機関）に諮《はか》られ、日

犬塚惟重

本政府の方針として定まります。実務面では、大連特務機関の安江仙弘《やすえのりひろ》（陸軍大佐）とユダヤ問題研究家であった犬塚惟重《いぬづかこれしげ》（海軍大佐）らが主導しました。

犬塚惟重はこのユダヤ人入植計画を「河豚（ふぐ）を料理するようなもの」と例えました。河豚は上手に調理すれば美味な高級料理だが、一歩間違えると猛毒にあたるという意味です。今日では犬塚は「フグ計画」の名付人とされています。

## ◎幻のフグ計画

ちょうど「フグ計画」が立案されていた頃、満州ではこんな出来事が起きました。

１９３８年3月、ナチスの迫害から逃れてきた多くのユダヤ人が、シベリア鉄道を経由し、満州里に接するオトポール駅（現在のロシア、ザバイカリスク駅）に押し寄せていました。亡命先に渡るためにはここを通らなければなりませんでしたが、満州国の外交部が入国の許可を渋り、足止めされていたのです。

零下30度という極寒の中、難民たちは野宿も同然の状態で、餓死寸前でした。その難民たちに対し、「見るに忍びず」と立ち上がったのが、ハルピン特務機関長の樋口《ひぐち》季《き》一郎《いちろう》少将（後に中将）でした。彼は難民たちに食料と衣類・燃料の配給を行い、要救護者には加療を施し、さらには膠着状態にあった出国の斡旋《あっせん》、満州国内への入植斡旋、上海租界への移動の斡旋等を行いました。樋口はこれを関東軍に相談せず、独断でやったのです。そして多くのユダヤ人たちが満州から上海を経由して、アメリカに渡って行きました。

当時のドイツ外務省から抗議が入って、樋口が勝手なことをやったということで、関東軍は査問委員会を開いたのですが、結局樋口に対する罪状は不問に付されました。ちなみにこの時、関東軍の参謀総長を務めていたのが東条英機です。日本は結果的に数多くのユダヤ人を救ったわけですが、この事実は東京裁判では持ち出されませんでした。

また前述の犬塚惟重大佐は、上海の日本租界の中に、ユダヤ難民を収容する施設や学校、病院などを作って約3万人のユダヤ人を保護しました。当時は英米両国もユダヤ人の受け入れを拒んでいたので、ユダヤ難民がビザなしに上陸できたのは、世界で唯一、上海の共同租界、日本海軍の警備地になっていた虹口《ホンキュー》地区だけでした。

安江仙弘は陸軍きってのユダヤ通の人物で、満州国の「五族協和」にユダヤ人を加える構想を持っていました。「猶太人對策要項」を策定し、五相会議で日本の国是とすることにも成功した人物です。安江と犬塚が亡命ユダヤ人のために命をかけて実現しようとしたこの流れが、「フグ計画」として始動することとなったのです。

戦前の日本は人道的見地から多くのユダヤ人を救いました。リトアニア領事館に赴任していた外交官の杉原千畝《すぎはらちうね》が、外務省の訓令に反して独断でビザを大量に発給した話は今日では有名ですが、それればかりでなく、日本は世界中で迫害を受けているユダヤ難民の救出に尽力したし、さらには国まで提供しようとしたのです。

## ◎東アジア共同体構想の実現へ

その後「フグ計画」は、ユダヤ人迫害を推し進めるナチス・ドイツとの結びつきが強まったことで形骸化し、日独伊三国軍事同盟の締結で実現性がなくなり、さらには日・独ともに欧米との戦争に突入したことによって完全に頓挫《とんざ》してしまいました。

また、満州国は第二次世界大戦直前にソ連軍の侵攻を受けて崩壊、その後は国共内戦に勝利した中華人民共和国の領土となりました。ただ、当時の日本が莫大な投資を行って整備したインフラは、老朽化が進んでいるとはいえ、現在もまだ残っています。

建国の理念とされた「王道楽土」や「五族協和」は綺麗ごとで、ソ連の南下を阻止すると同時に日本の領土を広げること、米国との戦争に備えることなどの思惑があって満州に国を建てたのだとする意見もあります。いろいろな見方はあると思いますが、今、もう一度振り返ってみると、当時の日本には、「五族協和」や「大アジア主義」という理想を掲げ、これに共鳴し、実行に移した人たちがたくさんいたということに驚かされます。批判をするだけなら簡単ですが、今の日本の上層部に、これほど気宇壮大な構想を描き、行動に移せる人物というのは、どれくらいいるでしょうか？

いるとしても数えるぐらいしかいないと思われますが、時代の大変革期に突入している今、そうしたスケールの大きな人物が出てくる必要があるのです。役人は前例がないことをやりたがりませんし、失敗して責任を負わされることを極端に嫌いますが、かつて経験したことのないような、しかも急を要する課題は、これから続々と出てきます。時代の変化に即応できる柔軟性を持たず、古い価値観にとらわれたまま、何もせずにズルズルと行けば、日本は壊死《えし》するだけです。

これから東アジア情勢は激変するでしょう。すでにその動きは始まっています。朝鮮半島は北朝鮮が主導する形で統一され、韓国は飲み込まれる可能性が高いと思われます。また、現在の中国は、2、3年の間に崩壊が誰の目にもわかるようになるだろうと言っているのは、中国共産党の幹部です。彼らはすでに中国を捨てて国外に逃げる準備をしているそうです。

現在の中国は、清朝末期に似ています。トランプ大統領は明らかに北朝鮮を取り込もうとしているし、共産中国を崩壊に追い込むつもりのようです。崩壊させた後は、アメリカも介入してくるでしょうし、ロシアも黙ってはいないでしょう。

そうなった時、日本はどうするつもりでしょうか。

日本政府は、朝鮮半島が統一され、中国の体制が崩壊した後の東アジアにどう関与していくのか、あらゆる分析をし、国家戦略を立てておくべきです。

しかし今の日本では何もしないし、できないでしょう。信じられないことではありますが、これが日本の現実なのです。政治家は己の保身のことで精いっぱい、官僚は元来の事なかれ主義のため、前例を踏襲したり、アメリカの意見を伺ったりする以外に機能しません。実業家はそれこそ自分にメリットがあることしか眼中にありません。

こういうことは、私心を捨て、自らの命さえも投げ打ってでもやるという気概がなければ、できないことなのです。戦前の日本にはそういう考えを持つ人たちがたくさんいたから、満州国も実現できたのです。今の日本ではとうてい無理だと思います。

## ◎満州にふたたび理想郷を作る

現在、力のあるポジションにある日本人では無理ですが、これから力をつけることになる若い世代の中から、そのような志を持つ有能な人物が現れてくるかもしれません。

何度も繰り返し述べているように、今は少なくとも８００年に一度の大変革期であり、おそらくは６４００年に一度の超大変革期に当たっていますので、かつて例のないような様々なことが折り重なってくることが予想されます。天変地異や異常気象は頻度を増すと思いますし、食料不足、環境汚染、体制の崩壊に伴う内乱や戦争も、起きてくる可能性があります。

これは中国国内で体制変革が起きるということが前提になりますが、そうなった時、中国東北部は分離することになると思います。ここはかつて人民解放軍の中でも最強と呼ばれる瀋陽《しんよう》軍区があったところです。現在は再編成があり北部戦区になっていますが、中国東北部、すなわちかつての満州があった地域は、朝鮮族も多く、中国よりも北朝鮮に近いと言われていて、北京政府もクーデターを恐れていた地域です。

中国共産党の一党独裁体制が崩壊すれば、この中国東北部は真っ先に分裂するでしょう。そうなった時、この地域を独立させ、新たに国を建てればよいのです。

中国をいくつかに分裂させ、東北部に新たな満州国を造るという構想は、ロスチャイルド家や欧州王室連合もすでに持っているという話もありますが、彼らのような世界支配層の主導で決めさせるべきではありません。アジアのことはアジア民族が主体となって決めるべきなのです。

日本が「東洋の合衆国」を目指して満蒙の地に国を造ったことは事実ですので、これを参考にしない手はありません。前例はちゃんとあるわけです。

「ニュー満州」というと、なんだか安っぽいビジネスホテルみたいですが、そういう新しい国家を構想し、ふたたび造るのです。

かつての満州国は、日本の領土でしたが、今度は日本の領土ではありません。日本はあくまで新満州建国プロジェクトの一員であり「まとめ役」であって、主体は東アジアの各民族です。日本、朝鮮、蒙古、満州（女真）、漢の五族が、大アジア主義の精神でまとまり、それぞれの民族が対等な立場で、合議により様々なことを決めるべきです。

新満州には、資本だけでなく、日本では実現できなかった様々な技術を投入します。次世代を担う画期的な技術は、日本にいろいろあるにもかかわらず、日本の官僚や政治家たちは、これらを世に出すことに及び腰で、いっこうにラチが開きません。

フリーエネルギーのように革新的な技術や発明があっても、それを関係省庁に持ち込むと、話ぐらいは聞いてくれますが、その先には進むことなく、必ずどこかで立ち消えになります。有力な国会議員に持ち込んでも同じです。話をちゃんと聞くどころか、命が惜しければこんな技術は封印しておけと、脅しをかけてくる場合もあるそうです。

これは私の経験としてもまったく同様の結果でしたので、日本でそうした画期的な技術を世に出すことは、現時点では不可能だと思います。誰が見ても良いものだからといって、国が話に乗ってくるとは限らないのです。

日本の民間には、人類が直面する様々な問題を解決する技術がすでにあります。それはエネルギー、食料、健康、交通インフラ、防衛など、様々な分野に及びます。SF小説やアニメ、映画などで描かれた未来社会は、皆で作ろうと思えば実現できるところまで来ているのです。

## ◎満蒙の地に難民受け入れのエリアを作る

もう一つ大切なことは、近い将来にもし、中国国内が内乱状態になったり、極端な異常気象や環境破壊が起きるなどして、大規模で深刻な食料不足や水不足が発生し、いよいよ民族移動が本格的に始まった時、どうするのかということです。

日本は海を隔てていますので、難民が渡ってくるとしたら船で来ることになりますが、それでも数十万、数百万という人たちが助けを求めてやってきた場合、そんなに大量の難民を一時的に受け入れる場所などどこにもありません。

また、中国から朝鮮半島になだれ込んだ難民たちにより、玉突きのように半島からも日本に押し寄せるかもしれません。その時、日本はどう対応するのか。水際で阻止するのか、とりあえず受け入れるのか。日本政府のこれまでのやり方では、危機が実際に起きてから決める必要に迫られることになると思いますが、それでは遅いですし、即座に対応などできません。押し返すこともままならず、難民たちはそのまま日本国内に入り込み、勝手に定住するようになるでしょう。

しかし、満蒙の地であれば、大量の難民がやってきても、受け入れるキャパシティが十分にあります。そうしたエリアを設け、とりあえずそこに住まわせ、食べさせてあげるのです。そうすれば日本への大量の難民流入を防ぐことができます。

文明８００年交代説を発見した村山節先生は、第２章で紹介した講演の中で、次のように述べています。

「こういうことが八〇〇年ごとに起こるというのはなぜかと言うと、渡り鳥と同じ現象であります。気候の激変によって生活物資の全量を失った住民が、こういうことに出ざるを得なくなったということであります。

これを救う道があるかと言うと、あります。それこそ我々が希望しているところでありります。西ヨーロッパの民に民族大移動の波が起こったときにそれを助けるものは、アメリカと極東しかないのです。アメリカと極東が食糧援助をしてやれば、ロシア、東ヨーロッパ民族軍も食べられ、その間に気候はまた穏やかになりましょう。民族移動はなくなるとは言えないが、半分以下に縮小することができます。（中略）

人類がその最終段階において、この渡り鳥現象を防ぐ手もある。しかしそれはみんなが同胞愛を持たねば何もできません」（『波動進化する世界文明』博進堂文庫　23頁～25頁）

私たち人類が力と叡智を合わせれば、民族移動も半分か、それ以下に抑えることができるというのです。

民族移動への対応だけでなく、新満州国を、新時代を開くモデル国家と位置づけ、東アジアのみならず人類の未来を開くフラッグシップとすることです。

なお、今は戦争する時代ではありませんので、アメリカやロシアをもこの一大プロジェクトに引き込み、皆で発展していけばいいのです。

本来こうした役割は新満州ではなく、日本が担うべきなのですが、自浄能力もないし自立することすらできない今の日本ではとても無理なので、日本以外のところに、こうした雛型を作るのです。

その時には日本も天変地異や自然災害に相次いで見舞われ、大変なことになっているかもしれません。それは明治から今日まで続いてきた旧体制がいったん潰れるところまでいくでしょう。

しかし、日本の滅亡はありません。新満州が、日本が再生するまで支えるからです。そして日本がふたたび息を吹き返す時、初めて「てんし様」がお立ちになり、日本を中心として世界は一つにまとまるでしょう。新満州は、その時代を迎えるための雛型ともなるのです。

## ◎「ひふみ祝詞」はアジア連帯の意味を持つ?

日月神示は「ひふみ神示」とか「一二三」とも呼ばれます。

『水の巻』第2帖には、

**「ひふみ、よいむなや、こともちろらね、しきる、ゆゐつわぬ、そをたはくめか、うおえ、にさりへて、のますあせゑほれけ。一二三祝詞《ひふみのりと》であるぞ」**

と出てきますが、私はこの「ひふみ祝詞」こそが、日月神示の根幹であると思っています。

その由来を話し出すと長くなりますので割愛しますが、文献上は、前章でもご紹介した物部氏の史書である『先代旧事本紀』の「天神本紀」に、

「天　神御祖《あまつかみのみおや》教へ詔《のりごち》て曰《のたま》はく、若《も》し痛む所有《ところあら》ば茲十　宝《このとくさのたから》を令《し》て、一《ひ》－二《ふ》－三《み》－四《よ》－五《い》－六《む》－七《な》－八《や》－九《こ》－十《と》と謂《いい》て布瑠部《ふるへ》。由良由良止布瑠部《ゆらゆらとふるへ》。如何為《かくなせ》ば、死　人《まかれるひと》は反　生《かえりていき》なむ。是則《これすなわ》ち、所謂《いわゆる》布瑠之言《ふるのこと》の本《もと》なり」

と出てきます。これは「ひふみよいむなやこと」の十音だけですが、江戸時代初期に刊行された『先代旧事本紀大成経《たいせいきょう》』の「天神本紀」には、「ひふみ」から「ほれけ」までの四十七音がすべて記載され、

「是《こ》の四十七音を以て神代の文字を造り、是の四十七字を以て連ね通わす万言の句《ことば》を造り給えり」と記されています。

日本各地の神社には、神代文字で記された「ヒフミ四十七字」や「ヒフミ十三字」が発見れています。おそらく、有史以前の古代から、「ひふみ祝詞（祝詞という呼び方ではなかったと思いますが）」は大変に霊力の強い言霊配列として畏怖《いふ》されるとともに、由緒ある神社や祭祀を司る有力氏族（中臣氏、忌部《いんべ》氏、加茂氏など）の間で秘儀中の秘儀として扱われ、一子相伝のような形で継承されてきたものではないかと思われます。

ともかく、史料として認められている文献上での初見は『先代旧事本紀』であり、それは物部氏の史書として知られているわけですが、物部氏のルーツは、中国東北部（旧満州地方）に存在した夫余《ふよ》（扶余）族と言われます。その夫余族が高句麗を建て（『魏書《ぎしょ》』や『三国史記』には、高句麗の始祖となった朱蒙《しゅもう》は夫余の出身とある）、朝鮮半島を経由しながら日本にやってきたのが物部氏なのです。

その物部氏が大切にしていたものが、「ひふみ祝詞」であったということです。「ひふみよいむなや…」は「いろはにほへと…」の並べ替えですが、この「ひふみ祝詞」の意味については諸説あり、定まったものはありません。私はとくに意味など考えずに奏上するべきだと言っていますが、前章でも出てきた在日朝鮮人の先生によると、「ひふみ祝詞」というのは、朝鮮語で解釈すると、日本と朝鮮、そして中国東北部を含めた「アジアの連帯、あるいは和合」の意味があるというのです。

「ひふみ祝詞」のルーツは物部《もののべ》氏が渡来するはるか以前の超古代にまでさかのぼるはずですが、少なくとも、在日〝北朝鮮〟の方がそういう特別な思いを「ひふみ祝詞」に抱いているということに、正直、驚きました。

現在のアカデミズムでは、こうした研究をしている人は誰もいませんが、今後、本格的な研究が進むにつれ、文献上からも考古学上からも次々に新たな発見がなされ、東アジアを連帯に導く証拠のようなものが、出てくるような気がします。

それと並行して、一つの国を超えてアジアの未来のために手を結ぼうとする有力な若い人士がこれからどんどんと現れてくることでしょう。

ところで今、日本を弱体化させ、滅亡に追い込もうとする反日勢力も盛んに活動していますが、反日は時代の流れ（神の意志）に逆らうものであり、いささかも受け入れることはできません。かと言って、日本がすべて「善」で、特亜三国（韓国・北朝鮮・中国）は「悪」であるという単純な二元論で割り切り、徹底抗戦してやつらを滅ぼそうなどと雄叫《おたけ》びを上げる国粋主義的な右翼も、また時代遅れと言わざるを得ません。戦前の右翼は、大アジア主義の理想のもとに命を懸けて奔走したことを思い出すべきです。

反日勢力が消え、偏狭な右翼も消え、アジア諸国の心が一つに結ばれる時、初めて米軍の駐留は不要になります。沖縄にも米軍基地が存在する意味そのものがなくなりますから、現在、普天間だ、辺野古だと騒いでいる沖縄問題も解決します。ただしその前に、沖縄の米軍基地問題を自分たちの思想闘争の材料に利用し、気勢を上げている反日勢力は淘汰されなければなりませんが。

## ◎大規模な人口淘汰が始まる

日月神示をひもといてみても、新満州が出来るというような予言はどこにもないですし、大アジア主義に相当するようなことも書いてはありません。

日月神示にあるのは、やがて「てんし様」を中心に世界が一つにまとまる、「ミロクの世」と呼ばれる理想社会が訪れる、ということだけです。その前に、戦後の荒廃から立ち直り、ここまで発展してきた日本が、もう一度潰れるような大苦難に遭うと。

しかしそれは「確定している未来」ではありません。このまま進むとそんな大変なことになると警告することにより、私たちが意識と行動を変え、大難をできる限り小難に済ませる形で新たなる時代に移行させたいというのが、神の真の願いではないかと思います。

新満州の話はまだ空想の段階でしかありませんが、私の個人的な思いつきで言っているのではなく、似たような思想や考えをお持ちの方の意見を参考にしながら、私なりに構想を試みたというものです。水面下では「闇の勢力筋」の方でも新満州の建設について具体的な計画が進んでいるという話もあります（ただ、私の「闇の勢力筋」ルートを通じて確認したところ、「そのような計画は聞いたことがない」との返答でした）。

「闇の勢力筋」の計画と言えば、地球人類の増えすぎた人口を減らす計画があるとも聞きます。第3章では、これから天変地異も激しくなると書きましたが、自然の災害による淘汰ではなく、意図的に人口を調整する、いわば人類の「間引き」をしようという計画があるようなのです。これは世界レベルで起きていることで、日本も例外ではありません。

そして、その間引く数はどれくらいかというと、「三分の一」だというのです。新約聖書の『ヨハネの黙示録』には「三分の一」という言葉がよく出てきますので、その預言にもとづいてのことかとも思うのですが、不思議なことに、日月神示にも「三分の一」という数字が示されています。

**「三分の一の臣民になるぞ、これからがいよいよの時ざぞ。日本の臣民同士が食い合いするぞ、かなわんと言って外国へ逃げて行く者も出来るぞ。神にシッカリと縋《すが》りておらんと何もわからんことになるから、早く神に縋りておれよ、神ほど結構なものはないぞ」**(『上つ巻』第38帖)

**「三分の一の人民になると早うから知らせてありたことの実地が始まっているのであるぞ。何もかも三分の一ぢゃ、大掃除して残った三分の一で新しき御代の礎《いしずえ》と致す仕組ぢゃ、三分難しいことになっているのを、天の神にお願い申して、一人でも多く助けたさの日夜の苦心であるぞ」**(『扶桑之巻』第7帖)

これがどういうプロセスで「三分の一」になるのかわかりませんが、日本の人口1億2

千万人が、４０００万人ぐらいにまで減る計算になります。巨大地震などの自然災害では、そこまで一気に減らすことはできません。致死性の高いウイルスによるパンデミックの可能性もありますが、鳥インフルエンザにしろエボラ出血熱にしろ、爆発的な広がりを見せると思われた疾患は、幸いなことに、予想よりも広がりを見せることなく収束してしまいました。

現在において着実に進行中なのは、健康面でのリスクです。日本人は世界一の長寿国として知られていますが、これからの日本人は短命化していくとみられます。

それをもたらす主な要因は、すさまじいまでの食品汚染による食のクオリティの低下です。加えて、西洋医療と薬（化学薬品）が大好きな日本人の特性にあります。そこに何かしらの hidden agenda（隠された意図）があるかどうかはさておくとしても、日本国民の中に病人が急増し、若くして死に至るケースが続出するであろうことは容易に想像できます。著名人でも近年、まだそれほどの高齢でもないのに三大疾病に斃《たお》れる人が増えているように思います。すでに日本人の短命化（間引き）現象は始まっており、それは急速に進むとみられます。

一方で、病院経営も軒並み赤字のところが多く、これから病院はどんどん潰れていくところが出そうです。私立大学系の、誰でも知るような有名な病院でも、数十億の赤字だそうで、現場ではどんどん手術しよう、薬を使おうと殺気立っているそうです。こうして、無意味な手術、薬の濫用《らんよう》が増えることとなり、国民の健康はさらに蝕《むしば》まれることになります。あるいは、病院に行きたくても、その病院が近くにない、あっても病床が足りないということも出てきそうです。

多くの人は、「病気になれば病院に行くのが当たり前。医者であれば治すのが当たり前。薬を出すのが当たり前」だと思っていますが、こういう考え方を改められない人は、もはや手遅れと言えるでしょう。結局は、「自分の健康は自分で守る」ことが基本なのです。

今は健康の維持だけでなく、あらゆる面で「自立」が求められる時代です。それは医療関係者だけでなく、政治家も、官僚も、大学教授も、企業も、教育関係者もマスコミも、農業従事者も、あるいは普通のサラリーマンでも主婦でも、同じです。一人ひとりが、世間の風潮に流されることなく、情報を自分で集め、固定観念を外して柔軟に考え、真実を見抜く目を持つことが必要なのです。

## ◎世界を救うためには日本が強くなるしかない

本書も終わりに近づいてきましたが、最後に、新元号の御代が新たに始まるにあたり、これからの日本と世界がどうなっていくのか、要点をまとめたいと思います。

●現在は、地球規模の大変革の時に遭遇している。6000年、あるいは6400年続いてきた人類史はいったん終了となり、新たな文明期が日本から始まる。

●過渡期においては、天変地異や自然災害が激しくなる。それは巨大地震の発生サイクルとも符合している。

●この変動を通じて世界に「王」はなくなり、日本から立つ一人の王（てんし様）が世界を治めるようになる。それは、これまでのようにピラミッド型に「支配」するやり方ではなく、あらゆる人種、民族が対等な関係になり、自然な形で、日本という「ヘソ（丶）」を通じて結ばれる。

●ただしそうなる前に、日本は一度潰れたようになる。旧体制にしがみつき、変化を拒むほど、崩壊のマグニチュードは大きくなる。また国民もこれに合わせて意識を変えなければならない。

海外において、日本の人気は急速に高まっており、外国人旅行者も増えているようです。日本人は親切で優しく、街中は綺麗だし、どこに行っても安全で、食べ物は美味しく、四季折々の美しさがあり、伝統文化もあり、エキサイティングなこともたくさんある。

こういうことに気づいた外国の人たちが、日本に魅せられ、あるいは憧れ、日本を訪れるようになってきています。海外に行っても、日本のパスポートは世界一信頼されているそうです。

日本が中心になる時代への足音は、だんだん近づいてきているように思われます。

だからこそ、日本人は襟を正し、世界の模範となるべく、自分の生まれた国に誇りを持ち、理想社会実現に向けて高い目標を掲げるべきなのです。

世界の恒久平和というのは、日本が立ち上がってこそ初めて成し遂げられるものです。アメリカでも中国でも、他のどこの国でもできないし、国連がいくら頑張ってもできないことなのです。

それほどの重大な使命があるにもかかわらず、日本人は、自分自身の足で立ち上がろうという意志を持たず、外国由来の価値観に染まり、ただ流されるままに生きている人が圧倒的多数のように思われます。

そんな日本人の目を醒まさせるためには、ある程度の大きな変動は不可避なのかもしれません。それが起きるにしても、神様からの有り難い試練と受け止めるべきです。

今は、神の力は何も出てはいないと神示は告げています。そして日本人が日本人らしさを発揮し、本当の務めを果たしたら、天地が光り輝くようなことになるというのです。

「今の神の力は何も出てはおらぬのぞ。この世のことは神と臣民と一つになりて出来ると申してあろがな、早く身魂磨いて下されよ」（『富士の巻』第5帖）

「臣民が本当のつとめしたなら、どんなに尊いか、今の臣民には見当とれまいがな、神が御礼申すほどに尊い仕事出来る身魂ぞ、殊《こと》に神の国の臣民みな、まことの光あらわしたなら、天地が輝いて悪の身魂は目あいてはおれんことになるぞ。結構な血筋に生まれていながら、今の姿は何事《なにごと》ぞ。神はいつまでも待てんから、いつ気の毒出来るか知れんぞ」（同第7帖）

あなたは、このような神示を読んで、神様からの厳しくも慈愛に満ちた叱咤激励ととらえるでしょうか。あるいは、読む価値もない、くだらない妄言だと一笑に付すでしょうか。

世界の大難を小難にし、スムーズに次の時代に移行するためには、この重要な過渡期に生まれ合わせた素晴らしい意義に目覚め、まず日本人自身が強くなることです。

そして、アメリカや中国や韓国など、外国の顔色ばかり窺うのではなく、私たち日本人自らが、自分の足で立ち上がらないといけません。

そうなった時、本当の意味での八紘一宇、四海同胞による世界恒久平和への道が、初めて開けることになるのです。

# おわりに　サバイバルの時代を生き残るために

平成の時代が終わりを告げ、新たなる御代の幕明けとなりました。

大変めでたいことではありますが、これからの日本には、前例のないような出来事が次から次へと起こってくることでしょう。

国際情勢はこれから激変するとみられますし、戦争という局面もあるかもしれません。天変地異や異常気象による災害も頻度を増してくると考えられます。

たとえそれらを逃れたとしても、自分自身が病に倒れることも十分に考えられます。今は二人に一人ががんになる時代と言われますし、がんにならなくとも、脳卒中や心臓疾患のどれかに罹《かか》る確率は非常に高いと言わざるを得ません。

糖尿病の患者数は、予備軍を含めると約1000万人もいると言われています（平成28年厚労省推計）。婦人科系の病気も多いですし、精神科系の疾患もあります。さらに、歳をとれば認知症のリスクも高まります。

どう考えても、これからの時代を生きる日本人には、様々な試練が待っていると結論づけざるを得ません。出生率の低下により、日本の人口はすでに減少局面に入っていますが、それが加速度的に早まり、どんどん減っていく可能性が大きいのです。

これを読まれているあなたが、10年後、20年後に、はたして健康体のまま生きていられるかどうかということさえ、わからない。まさに時代は今、サバイバルの時代に突入していると言えます。

本書でも述べましたが、この不透明な時代を生き抜き、生き残るには、自分自身で情報を取りに行かねばなりません。そしてその中から真実と思えるものを拾い出し、精査し、判断し、実践していく必要があります。そうした努力を何もせず、ただ流されるままの受け身の毎日を送っている人は、おそらく相当高い確率で「間引かれる側」に入ってしまうことでしょう。

しかし、それも自己責任と言えます。自分から動いていけば、正しい情報は必ずアンテナに引っかかってくるからです。それをヒントに、自分の人生に活かしていけば良いのです。動いていくうちに仲間や協力者も増え、いろいろな考え方が身につき、仕事も自然ともたらされます。人によっては、自分の生まれてきた目的はこれだったんだと気づくことになるかもしれません。

やはり、「自分から動く」かどうかが肝心なところです。これが狭義における「自立」ということです。組織や宗教に頼る時代は、とっくに終わっているのです。

これから世の中が不安定になってくると、どんなポジションにいる人間でも、どうしたらいいかわからなくなり、右往左往するようになるでしょう。

そんな時、人生の羅針盤となるのが日月神示です。

これが降ろされたのは今から70年も前のことですが、戦後の日本と世界がどうなっていくか、神示は正確に見通していました。まさに、今日の日本人のために書かれたと言っても過言ではないと思います。

今、私たち人類が直面するありとあらゆる問題の答えが、この中にあります。それは具体的な表現ではないかもしれませんが、読む人が真心をもって読めばわかるようになっているのです。

**「この世のやり方わからなくなったら、この神示《しるし》を読ましてくれと言うて、この知らせを取り合うから、その時になりて慌てんようにしてくれよ。日本の国は一度は潰れたようになるのぞ。一度は神も仏もないものと皆が思う世が来るのぞ。その時にお蔭を落さぬよう、しっかりと神の申すこと肚《はら》に入れておいてくれよ」**（『上つ巻』第9帖）

**「この先どうしたらよいかということは、世界中金《かね》の草鞋《わらじ》で捜してもここより他わからんのざから、改心して訪ねて御座《ござ》れ。手取りて善き方にまわしてやるぞ」**（『松の巻』第5帖）

いずれにせよ、日本がやがて世界の中心となり、本当の意味での「日本の時代」がやってくることは、もう決まっていることなのです。今はそこに至るための過渡期であり、過渡期には崩壊や混沌がつきものですから、その時期を上手く乗り切れば、どうということはありません。ある程度、先が見通せている人にとっては多少の苦難も耐えられますし、神示にあるとおり、「楽し楽しで大峠越せる」ということになるでしょう。

最後に、本書を読まれて興味を持ち、もっと深く知りたいと思った方のために、ブックガイドを記しておきます。

まず、日月神示のことを知りたい方は、初めに『日月神示　完全ガイド&ナビゲーション』（徳間書店）を読まれることをおすすめします。

解説の入らない原典そのものを読んでみたいという方は、日月神示の全巻本である『[完訳]日月神示』上下巻セット（ヒカルランド）を入手してください。ただしこれは本当に原文のままなので、いきなりここから読むには難しいかもしれません。

肩の凝らないところから神示に触れたい方は、『はじめての日月神示』（かざひの文庫）が読みやすくていいと思います。

「闇の勢力」や超技術関係の話でしたら、『日月神示　覚醒と実践』（徳間書店）をご一読頂くと参考になるかもしれません。

村山節先生の800年文明周期説を勉強したい方は、『波動進化する世界文明』（博進堂）がありますが、けっこうハードルが高いので、同名の「文庫」をまず読まれるといいでしょう。これは本書の中でも引用した、村山先生の講演録になります。

「ガイアの法則」に興味のある方は、千賀一生さんの『ガイアの法則』（ヒカルランド）をお読みになってください。

またもし、私たちと共に時代の流れを読みつつ、研鑽《けんさん》を積んでいきたいという方は、私の主宰しております日本弥栄《にほんいやさか》の会の月刊誌『玉響《たまゆら》』を購読されることをおすすめします。本書で書かせて頂いた内容は、『玉響』を長年お読み頂いている方であればだいたいご存じのことであったと思います。

一般向けの講演は、原則的にお受けしていませんが、『玉響』の購読者（会員）のみを対象とした講演会なら定期的に開催しておりますし、クローズドな場では記事に書けないこともお話ししています。また、そこまでの情報開示はできませんが、メルマガも発行していますので、こちらもご利用頂ければ幸いです。

筆を擱《お》くにあたり、この重要な時代の変わり目に本書を書き下ろす機会をお与えくださった、㈱徳間書店 学芸編集部の武井章乃さん他、関係者の皆様に厚く感謝御礼申し上げます。

中矢伸一

写真
17P／共同通信社／アマナイメージズ
126P／FUSAO ONO/SEBUN PHOTO/
アマナイメージズ

装丁／赤谷直宣
校正／広瀬　泉
組版／㈱キャップス

［著者紹介］
**中矢伸一**（なかや　しんいち）

３年に及ぶ米国留学生活を通じ、日本と日本民族の特異性を自覚。帰国後、英会話講師・翻訳・通訳業に携わる一方、神道系の歴史、宗教、思想などについて独自に研究を進める。1991年、それまでの研究をまとめた『日月神示』（徳間書店）を刊行、いきなりベストセラーとなる。以後、ヒット作を次々と世に送り出す。これまでに刊行した著作は共著やリメイクを含めて70冊以上。累計部数は150万部を超える。

現在、1994年創刊の会員制月刊誌『玉響（たまゆら）』の制作・執筆を中心に活動中。会員向け講演会も行っている。有料メルマガ「飛耳長目（ひじちょうもく）」も毎週配信中。

「中矢伸一 オフィシャルサイト」URL http://www.nihoniyasaka.com/

# 神仕組み令和の日本と世界
## 日月神示が予言する超覚醒時代

第1刷　2019年4月30日

著　者　中矢伸一
発行者　平野健一
発行所　株式会社徳間書店
〒141-8202　東京都品川区上大崎3-1-1
目黒セントラルスクエア
電話　編集 03-5403-4344　販売 049-293-5521
振替　00140-0-44392
カバー印刷　近代美術株式会社
印刷製本　中央精版印刷株式会社


ISBN978-4-19-864839-8